Antônio Gomes

OS INOCENTES DE MÃOS SUJAS

A Criminalidade e a Justiça no Brasil

2ª Edição

Os Inocentes de Mãos Sujas

Outras obras deste mesmo Autor:

1-O Livro das Curiosidades Jurídicas

2- As Vítimas da Sociedade

3-A Felicidade ao Alcance de Todos

4-Os Retratos da Vida

5-O Lobisomem da Serra Vermelha-2ª Ed.

6-O Amor Tem Muitas Faces

7-Fatos Históricos e Religiosos

8-Os Mercadores da Fé.

9-Memórias da Caserna.

10-Sonhos na Noite.

11-Crônicas da Vida Real

Curiosidade

Quando o Rei de Portugal, D. Manoel- O "Venturoso", mandou Pedro Álvares Cabral vir Descobrir o Brasil, deu-lhe 100 galinhas da Angola para presentear os índios que aqui moravam. Durante o percurso, Cabral e seus companheiros, apesar de terem muita comida a bordo, comeram 20 destas galinhas e só entregaram 80 galinhas aos índios que aqui moravam, ao desembarcar na Bahia em 22/04/1500. Dizem que foi aí que começou a corrupção no nosso País.

SUMÁRIO

PREFÁCIO

Muitos anos atrás assisti um filme francês, destes filmes policiais que investigam um crime passional, cujo título em português era exatamente **"Os Inocentes de Mãos Sujas"**. Foi nos anos 80 ainda e o filme era mais uma das grandes obras do Diretor francês **Claude Chabrol**. E gostei tanto do título que, muitos anos depois, em 2009, quando comecei a escrever no meu Blog **"Palácio de Letras"**, usei este título em mais de um de meus textos, sempre criticando a conduta de políticos corruptos, cujas fraudes eram descobertas.

Como muitos destes políticos, ao terem descobertas as suas falcatruas, se dizem **inocentes**, e que depois de certo tempo, após minuciosa investigação, se chega à conclusão de que eles realmente **são culpados**. E por isso, muito bem se encaixa sobre eles, esta frase-título do filme citado acima, e agora também deste meu livro.

São estes inocentes citados aqui, os corruptos e imorais que estão a desvirtuar a nossa vida, sejam eles políticos ou não. Por isso, desenvolvo aqui neste meu 12º livro, sendo o 11º pelo **Clube de Autores**, vários temas onde os personagens reais, na maioria políticos e empresários ladrões e bandidos, agiram com egoísmo extremo, sem ética e sem nenhum escrúpulo, para alcançar seus objetivos.

O Autor

I- O BRUXO DO PLANALTO

Quem tem costume de ler mais e se informar sobre políticas externas, ou gosta de livros de história, deve se lembrar, ou ter ouvido falar de uma época na Argentina, (entre 1974 a 1976) onde a Presidente da época conhecida como "Isabelita" Peron, (cujo nome verdadeiro era Maria Stella Martinez de Peron) sucedeu ao seu marido, o ditador Juan Domingos Peron, (de quem era Vice) assim que ele morreu.

Ela era uma "barata tonta" no poder, e rapidamente ficou claro que não tinha condições políticas de governar o País.

E assim, surgiu a figura misteriosa do Sr. **José Lopez Rega**, uma espécie de conselheiro-mor ou Secretário Privado do Peron, e que depois ficou sendo o braço direito da Presidente Isabelita. Ele vivia a falar no ouvido dela, o que ela tinha de fazer. Mas só piorava as coisas no governo dela, que não durou nem dois anos completos.

Esta "**Isabelita**" foi a primeira Presidente mulher da América do Sul, mas ela só fazia besteiras. Não por ser mulher, mas por não saber nada de política. Com ela, em pouco tempo de Governo, a Argentina virou um caos.

Como dizem hoje em dia: ela "só dava ré"! E o povo é quem sofria.

Governou tão mal que uma junta militar lhe tirou do poder. Depois foi para a Espanha e se exilou por lá. Acho que está viva até hoje. Ela tinha uma total dependência desse Lopez Rega, e que, por ela ser viúva, chegaram a dizer que ele era amante dela. Não ficou provado isso. Ele ficou conhecido na época como "**El Brujo**" (O Bruxo). Esse Lopez Rega era, guardando as devidas proporções, uma espécie de Rasputin da Isabelita Argentina 1

E esse López Rega deu tanto conselho errado que levou ao caos econômico a Argentina. Com a tomada do Poder na Argentina pelos Militares chefiados por Jorge Rafael Videla, esse Lopez Rega fugiu para a Espanha, mas foi preso depois pelo Regime Militar da Argentina e morreu na prisão em 1989.

Já o Rasputin, que se dizia vidente e vivia na Corte Russa, fazia previsões para a Corte, mas não previu que os bolcheviques assassinariam toda a Família Real Russa em 1918 e tomariam o poder, como ocorreu. Mas essa é uma outra história ...

1- Grigori Yefimovich **RASPUTIN** era aquele louco barbudo (uma espécie de bruxo) que vivia a dar conselho na Corte dos Romanov, (**NICOLAU II**) na Antiga Rússia Czarista. Ele foi assassinado em 30 de dezembro de 1916, no Palácio Moika, em São Petersburgo-Rússia.

Faço esta introdução para chegar ao **"Bruxo"** do Planalto, do nosso Brasil: O "famigerado" bem conhecido, Lula da Silva, o maior larápio político do Brasil, que enganou mais de duzentos milhões de brasileiros por vários anos e se tornou no maior corrupto deste país, juntamente com seus associados do PT,PMDB, PP e Cia Ele, e seu fiel escudeiro José Dirceu, (que foi preso também por causa do Mensalão) e mais o Tesoureiro do PT, o João Vaccari, e mais uns outros cem empresários corruptores e desonestos do alto escalão de nossas construtoras.

Nos governos 1 e 2 da Dilma, vire e mexe esse Lula estava lá no Palácio do Planalto, a dar palpites errados no Governo da **"Presidenta"**, pois sabia que ela era fraca e poderia ser influenciada por ele. Só que ele influenciava mal e o Governo do PT da Dilma, principalmente levou o Brasil para o buraco, literalmente. Entre 2012 e 2014 ela, juntamente com esse tal de Lula e os seus mais de 40 ladrões da Petrobrás, roubaram mais de 60 bilhões de reais dos cofres públicos. E o Lula- ladrão ficou rico, juntamente com sua família. E isto ficou devidamente provado judicialmente através da "Operação Lava Jato", no processo que tramitou pela 13ª Vara da Justiça Federal de 1ª Instância sob a batuta do bom Juiz Dr. Sérgio Moro, que está julgando, incriminando e condenando muitos destes larápios de paletó e gravata, entre eles o Lula molusco, que foi condenado inicialmente a 9 anos e meios de prisão, por corrupção ativa e lavagem de dinheiro.2 Junte-se a isto a roubalheira que se desencadeou na Eletrobrás, no BNDES e na construção dos Estádios para a Copa do Mundo de Futebol que se realizou no Brasil no ano de 2014, cuja conta não" fechou" até hoje.

E em finais de 2017, quando da revisão deste livro, além pouca popularidade do Governo do Michel TEMER, ainda tínhamos o desemprego e crise política no Brasil. Ele não mais tinha apoio político no Congresso e contava com a desaprovação de mais de 90% da população brasileira.

O que temos agora são incertezas políticas e falta total de credibilidade no Brasil por parte de investidores do exterior. Só nos resta esperar pela Eleição de novos Deputados, Senadores e do novo Presidente da República, a ser escolhido em outubro e novembro de 2018.Mesmo assim sempre estávamos vendo o "cachaceiro-mor" do Brasil, o "Bruxo do Planalto", mais conhecido por Lula, sempre circulando pelo Brasil, ainda falando em ser Candidato às Eleições de 2018.

---

2 - Esta sentença do Dr. Sérgio Moro estava para ser confirmada pelo Tribunal Federal de Recursos da 4ª Região, com sede em Porto Alegre -R.S. E quando da revisão final deste livro havia sido marcado para o dia 24 de janeiro de 2018 o julgamento final em 2ª Instância.

Ele é a figura sombria e maldita que vive opor aí se dizendo inocente, fazendo campanha antes da hora colocando mais "bosta" no ouvido e na cabeça dos idiotas que ainda acreditam nele. Onde vamos parar deste jeito? Será que o objetivo dele é viver de enganar mesmo? O que poderia fazer por nós um homem destes que se especializou em roubar e mentir, desde a época do "Mensalão", que estourou no seu primeiro mandato, no ano de 2005?

Daquela vez os Ministros e os políticos associados ao PT o "blindaram". Em 2016 blindaram a Dilma e protegiam ele ainda, mas a verdade veio à tona e a "casa caiu". Com o afastamento da Dilma, em maio de 2016, tudo que ocorreu no Governo dela e do Lula passou a ser investigado, com muitas prisões de políticos importantes, como Eduardo Cunha, José Dirceu, Antônio Pallocci e muitos outros. Inclusive Ministros do Governo do Temer, que era o vice da Dilma e a sucedeu. Ele estava no poder quando da feitura deste livro, em janeiro de 2018, apesar de outras denúncias contra ele.

Até o Sr. Dr. Rodrigo Janot, o Procurador Geral, de quem se esperava muito, estava sendo investigado. E dizem que alguns Ministros do STF, estariam "vendidos", e que, em finais de 2017 e começo de 2018, também eram investigados os Ministros que facilitaram a vida destes bandidos-empresários e políticos, que junto com Dilma, Lula,

Temer e associados, roubaram o dinheiro da Petrobrás e do Brasil.

No começo de 2018, ainda estávamos sob o domínio do PMDB (que voltou a se denominar MDB), que era associado ao PT até bem pouco tempo. Que Governo fajuto é este que vive a manipular a mídia e tenta enganar, de novo, mais de 200 milhões de brasileiros?

E este "Bruxo" cachaceiro, este anjo maldito do Nordeste, chamado Lula, que força tem esse demônio que a Justiça ainda não o pegou de verdade? Por que ele ainda continua solto? Seria o Lula o nosso Rasputin? Ou ele está mais próximo de ser o nosso López Rega?

E perguntamos todos, vendo-o se safar da punição da Justiça: Teria ele pacto com o Diabo? Ou seria ele mesmo o próprio demônio. Quase todos os dias dos anos 2011 a abril de 2016 víamos esse Lula rodeando a Dilma. Parecia até aqueles perus ou "chester" bêbados de véspera de Natal. Dizem que o capeta quando não vem, manda o secretário.

A Dilma não sabia fazer nada. Qualquer aperto, chamava o Lula, seu mestre em desgoverno. E o pior é que com a saída da Dilma, ficou o Temer, que não conseguiu descolar. Um Governo incompetente, perdido, sem rumo e rodeado de corruptos por todos os lados. Será que algum dia os Militares irão tomar o poder e prender esse Lula, o "nosso" ladrão-bruxo, como fizeram na Argentina? Ou seria o Juiz Sérgio Moro, da "Lava Jato" que dará o veredicto final sobre ele? Há ainda mais dois processos contra o Lula-ladrão, tramitando pela 13ª Vara Federal, sob o comando do Juiz Moro. E outros 3 em outras Varas da Justiça Federal, de São Paulo e de Brasília.

Às vezes a história se repete como farsa! E, às vezes se repete como tragédia! Em qual destas situações estaríamos? Acho que só Deus mesmo para nos tirar das "garras" dessa cambada de ladrões dos infernos. Desse povo maquiavélico do PT e Cia. Estes "Petralhas" e Pemedebistas desonestos que assaltaram os cofres públicos do Brasil. Só Deus para nos livrar desse infeliz maquiavélico Lula, que eu denomino aqui de "O Bruxo do Planalto". Quando será que ele nos deixará em paz, aqui nesse Brasil de eleitores-otários?

II-OS INOCENTES DE MÃOS SUJAS

Todos estamos cientes de que, nos últimos quinze anos vários políticos brasileiros, juntamente com alguns empresários, se uniram no objetivo de se locupletarem, para fraudar licitações, desviar recursos de órgãos públicos, organizarem compras superfaturadas, fazer a tal "lavagem" de dinheiro e enfim, roubar o dinheiro público de empresas diretamente ligadas ao Governo.

Além disso, cobraram altas propinas e enviaram grandes fortunas desse dinheiro roubado, para contas deles e de parentes seus, para os bancos no exterior. Para os chamados "Paraísos Fiscais", Bancos das Ilhas Virgens Americanas, Ilhas Britânicas, Panamá, Bahamas etc.

Tudo começou com o **"Mensalão"** em 2005, no primeiro governo do Lula, e depois cresceu ainda mais a ladroagem no **"Petrolão"**, já no Primeiro Governo da Dilma, quando estes corruptos afundaram as finanças de nossa maior empresa estatal, a **Petrobrás.**

No primeiro caso, a coisa veio à tona quando o Deputado Roberto Jefferson do PTB, mesmo estando também envolvido no caso, fez a denúncia ao vivo e a cores, e o escândalo apareceu com destaque em toda a mídia escrita, falada e televisada. Isso em 2005.

Depois, de 2005 até 2012, foram todos os envolvidos, processados julgados e condenados em várias Instâncias da Justiça. E como alguns deles tinham foro privilegiado, foi o STF, que julgou. E alguns foram presos.

Na época, o Supremo Tribunal Federal estava sob a presidência do Ministro Joaquim Barbosa que, com base na Legislação, mandou muitos Ex-Ministros, Deputados, Senadores Empresários, Banqueiros e demais Políticos envolvidos, para a "Papuda", o maior presídio de Brasília, D.F. Alguns já cumpriram as suas penas, outros continuam presos.

Agora é a vez dos envolvidos nesta chamada "Operação Lava-Jato," que começou com a prisão do "doleiro" Alberto Youssef, e envolveu muitos políticos (de novo) e alguns dos maiores empresários brasileiros, dentre eles muitos diretores e até os presidentes da Odebrecht, da Andrade Gutierrez, da OAS, UTC e outras grandes empresas, todas envolvidas direta ou indiretamente nas fraudes de desvio de milhões de dólares da Petrobrás ,com a participação de alguns dos Diretores desta empresa pública, tais como Paulo Roberto Costa, o Nestor Cerveró e o Renato Duque, por exemplo. E de muitos outros com altos cargos nas empresas privadas e na empresa pública de maior capital financeiro até então, a Petrobrás.

Por último, descobriu-se que os Governos do Lula e da Dilma compraram uma Refinaria falida nos Estados Unidos, com valores superfaturados, sendo que de um valor real de 440 milhões de dólares, pagaram mais de 1 bilhão, sendo que daí se tirou vários milhões, por causa desse superfaturamento, que foi distribuído entre muitos políticos e até para membros do governo. Dinheiro que pagou muita gente para ficar calada e com o qual financiaram as campanhas do Lula e da Dilma.

Dizem que até Ministros "pegaram" uma fatia desse bolo de dólares roubados. Dizem os jornalistas que alguns funcionários da Petrobrás ganharam dinheiro pela compra dessa Refinaria falida. Ganharam dinheiro como comissão pela Compra? Muito estranho isso. Normalmente os corretores ganham comissões pela venda de alguma coisa. Mas, parece, que estes funcionários da Petrobrás, que não são corretores, ganharam milhões só para ficarem calados. Só para isso?

Os "tentáculos" da fraude eram tão grandes que sobrou dinheiro desviado e de propina até para o Senador Fernando Collor de Melo e para o Presidente da Câmara dos Deputados dessa época, o Senhor Eduardo Cunha, que negou até onde pôde, se dizendo inocente, sendo que ele envolveu até a Igreja Evangélica da qual fazia parte.

O Ex-Deputado Eduardo Cunha, como já está provado, tinha dinheiro em bancos Suíços, em seu nome, no nome de sua mulher e no nome de filhas. Este dinheiro, mais de Cinquenta Milhões de Dólares, foi bloqueado pela Justiça. Segundo se diz e se investiga, também o Presidente do Senado, o Senador Renan Calheiros, está envolvido nesta fraude gigantesca.

E por último surgiu o escândalo comprovado com gravações bem audíveis, do Líder do Governo do PT, o Senador Delcídio do Amaral. Essa foi mais uma bomba que ajudou a a implodir o Governo da Dilma.

Desta vez apareceu o nome dela, como sabedora e interveniente na compra da Refinaria falida. Coisa que já se desconfiava. Todos se disseram inocentes. No entanto, está mais do que provado, pelo Inquérito Policial iniciado na Polícia Federal e depois na Justiça Federal do Paraná, que são culpados.

E como o processo principal da Lava-Jato e outros mais estão sob a presidência do bom Juiz Federal Dr. Sérgio Moro, que apesar de estar julgando "peixes grandes", não se intimidou, ele tem mandado ricos empresários e políticos conhecidos e até com mandatos, para a cadeia. Entre 2016 e 2017 foram mais de 100 condenações, com muitos "peixes grandes" da Política e do Empresariado brasileiro, presos.

Prenderam também, o banqueiro rico do BTG-Pactual e até o Senador Delcídio do Amaral. E até seu advogado, que estava nos EUA, assim que chegou ao Brasil, ficou preso. Mas, não se iludam, pois, nossas leis são fouxas e os artigos do Código Penal cheio de brechas. Ficaram pouco tempo presos.

No caso do Senador Delcídio, com mandato e como líder do Governo Dilma, a "coisa" foi mais séria. E como este senador tem foro privilegiado, sua prisão que tinha sido determinada pelo STF, teve de ser referendada pelos próprios membros do Senado Federal. Depois este Senador foi cassado, por seus pares do Senado, em tempo recorde.

O Procurador Geral da República da época, o Dr. Rodrigo Janot, juntamente com sua equipe muito boa e esforçada do Ministério Público Federal, do Paraná, desenvolveu um bom trabalho de investigação e de denúncias, e pediu a condenação dos envolvidos. E estes seus pedidos têm sido atendidos pelo MM. Juiz Moro. Quando esta denúncia envolve políticos, a repercussão é ainda maior. Desta vez o PT e o Governo Dilma não tiveram como se explicar. Eles estiveram realmente envolvidos neste mar de lama, que não é da catástrofe de Mariana (MG), mas um mar de lama preto, que começou com o escândalo denominado de "Petrolão" dos desvios de dinheiro e das propinas surgidas dentro da Petrobrás, que era a nossa maior empresa há 3 anos e agora é a empresa mais endividada da América do Sul.

E a Justiça brasileira vem agindo bem, aplicando a lei a todos os envolvidos desde que comprovadas as suas participações neste escândalo de proporções internacionais. E repito, apesar disso, muitos dos condenados se dizerem **"inocentes"**.

São os chamados "Inocentes de Mãos Sujas" que denominei sempre no meu Blog "Palácio de Letras", desde os meus primeiros comentários políticos, em 2009 e que será o título desse meu livro, publicado em janeiro de 2018.

Infelizmente estamos vivendo mais um período negro de nossa história, nesse século XXI. com envolvimento de famosos políticos, de presidentes e de ex-presidentes da República, num escândalo que não poupou nem o famigerado Lula, nem a ex-presidente Dilma, nem o Temer (que era seu vice e assumiu o Governo em maio de 2016) e nem seus ministros. Essa agora é uma crise econômica, política e social, que prejudica a todos nós brasileiros, sejam das classes "a" ,"b", ou "c". E somos vítimas desses ladrões de colarinho branco, que acham que o dinheiro de nossos impostos e das empresas públicas é para que eles comprem mansões, navios, aviões e iates, deixando as empresas endividadas, e vazios os cofres públicos. E o pior é que, com tanta roubalheira, até os Programas do Governo, como "Farmácia Popular", e o "Minha

Casa Minha Vida", "Bolsa Família" e outros programas sociais ficaram sem dinheiro, e muitas as obras sem continuidade

Estes "Inocentes de Mãos Sujas" dos quais falo, são ladrões mesmo, só que não são ladrões de "pé-de-chinelo", mas sim ladrões com cargos públicos, com mandatos de deputados, senadores e ex-presidentes, grandes empresários, banqueiros e "operadores" de propinas que agora estão presos e sendo condenados pela Justiça Federal. São ladrões de altas quantias, de milhões de dólares, que terão de devolver estas fortunas roubadas, mais cedo ou mais tarde, para que seja feita a Justiça. Afinal, como consta na Constituição Federal do Brasil, a lei é para todos. Até para o Sr. Paulo Maluf, pois ele foi preso em finais de 2017. 23 anos enrolando os processos na Justiça.

III- NÓS ELEGEMOS OS POLÍTICOS PARA NOS ROUBAR?

Muitos anos atrás, na Inglaterra, numa manifestação noticiada em jornais, TV e revistas do mundo inteiro, algumas mulheres mais liberadas foram à um parque, na época do verão, e com biquínis não tão pequenos como são os das brasileiras, e exibiram nas suas calcinhas, na parte do fundo, a bandeira da Grã-Bretanha, e na parte da frente os dizeres: **"Nós sustentamos a Inglaterra".**

À primeira vista se pensou que elas queriam dizer que seriam as mulheres livres que sustentavam a Inglaterra. Mas, aos poucos, se deduziu também que eram as mulheres, e qualquer mulher, que com sua sabedoria e trabalho diário, sustentavam a Inglaterra, pois são mais econômicas e inteligentes. Principalmente as Inglesas, claro.

E os homens de verdade, sempre precisam de uma mulher sábia, para lhes orientar no dia a dia, desde a mãe, até aparecer uma esposa. Certo? Fazendo uma comparação apenas literária, eu agora pergunto:

Afinal de contas, nós, os eleitores otários, que votamos e elegemos estes políticos ladrões, somos os que sustentam estes ladrões políticos ou políticos ladrões que nos roubam assim que estão no poder?

-Somos nós que elegemos os maiores políticos ladrões e os políticos corruptos deste País?

Não é possível que por força de uma obrigação constitucional, tenhamos que votar de dois em dois anos e com isso estejamos elegendo em todas as eleições, um monte de ladrões (leia-se políticos) para nos enganar e roubar durante seus mandatos. Estamos cansados de tanta roubalheira. Chega!

Sempre pensamos que aquele candidato no qual votamos seria o melhor, mais honesto. No entanto, é só eles tomarem posse que começam a desviar verbas, aceitarem e pagarem propinas, contratar **funcionários fantasmas para poderem tirar mais dinheiro dos cofres públicos etc.** Isto sem falar naqueles que roubam mesmo.

Uma vez, em 1998 eu escrevi um artigo para um Jornal diário de Goiânia, GO, com o seguinte título: **"Somos nós que elegemos os nossos maiores ladrões: Os Políticos".**

O Editor do jornal alegando falta de espaço não quis publicá-lo de jeito nenhum.

Mas, na verdade, não era por falta de espaço nas folhas do jornal, é que eles, os diretores e proprietários do Jornal, ligados à uma grande

Empresa de Comunicação de Goiás, já estavam "vendidos aos políticos". E "pendiam" para uma determinada legenda, que no caso era o PMDB, que voltou a se chamar MDB em finais de 2017.

Estavam tão "vendidos" que publicaram pesquisas encomendadas pelo Político corrupto e candidato que dava dinheiro para eles. E informaram na primeira página do Jornal, dois meses antes da **eleição, que o candidato deles iria ganhar, com uma diferença de mais de 30 pontos.**

A pesquisa era do IBOPE, outro "povo custoso", cujo dono vendia até a mãe por dinheiro. Deu zebra! O candidato que era considerado fraco e que perdia nas pesquisas foi o que ganhou a eleição. No caso, Marconi Perillo. E por coincidência, passou ano e entrou ano, este candidato do PSDB é o que estava no poder na época da feitura deste Livro, no seu 4º mandato. em Goiás.

Mas ele não é santo não. Tem outro jornal daqui que é "puxa-saco" dele (Diário da Manhã, de Goiânia, GO) São coisas da política mesmo! Que sempre acontece por aí, por interesses políticos, claro...ou por dinheiro mesmo! O fato narrado na fraude tentada do Ibope ocorreu nas eleições para Governador do Estado de Goiás, em 1998.

Mas, o jornal "O Popular", de Goiânia, GO, que favorecia o candidato que perdeu, (Iris Rezende Machado) mesmo tendo publicado a pesquisa falsa e do Ibope, ganhou o dinheiro desse candidato do mesmo jeito! E acho que continua ganhando até hoje!

Depois "mudou de camisa" e passou a "torcer" para o candidato que ganhou. Por uns tempos, pelo menos. Tudo são negócios. Tudo visa poder e dinheiro. A mídia de hoje vive assim. Todo mundo tem um "lado". Esse negócio de ideologia política já era. Agora quem manda mesmo é o dinheiro. Quem der mais é que manda e tem espaço na mídia. Esse povo faz o "jogo do poder ".

Enquanto isto, nós os eleitores-otários que somos ainda obrigados a votar por força de lei, ficamos agora vendo todos os dias nas TVs, ouvindo no rádio e lendo nos Jornais, os grandes escândalos diários desses políticos- ladrões, corruptos e bandidos com mandato, a nos roubar, desviar dinheiro, receberem e pagarem propinas, para se enriquecerem ainda mais. São os chamados "ladrões de colarinho branco", de paletó e gravata, que estão "afundando" as finanças do Brasil.

Com o fez o Lula e seus asseclas do PT, PMDB, PP e Cia. Além de todos estes políticos e empresários que estão sendo investigados e presos nos "Mensalões" e "Petrolões" da vida, que tiraram mais 60 bilhões de reais dos cofres públicos.

E os cofres públicos, para quem não sabe, são abarrotados todos os anos, com quase dois bilhões de reais de impostos. Impostos que pagamos todos os dias. O dinheiro é nosso, pois o Governo, seja ele qual for, não fabrica dinheiro. Eles são especialistas em criar e cobrar impostos.

E o pior de tudo é que somos nós que ainda sustentamos estes políticos, pagando mais impostos, para que eles **recebem seus polpudos salários. Ganham bem para nos enganar e nos roubar.**

Agora, feito e descoberto o rombo, querem impor a nós mais impostos para cobrir o buraco financeiro que eles mesmos fizeram. -Seriamos mesmo nós os culpados?

E se não fôssemos obrigados a votar?

Mesmo assim existiriam ladrões, principalmente políticos, pois essa "praga" é pior que gafanhoto. E não fabricaram ainda um veneno eficaz que possa extirpar da sociedade os políticos corruptos. Por isso, a cada ano, eles se multiplicam. Estamos fritos!

E que Deus tenha piedade de todos nós, os eleitores otários, que, por força da lei, somos ainda obrigados a eleger essa "corja" de mafiosos de dois em dois anos, se levarmos em conta aas eleições de vereadores e prefeitos e estas outras de Presidente, Deputados e Senadores. Temos agora de fazer de tudo para que a Justiça puna estes Políticos. Sejam os da Operação "Lava Jato" ou de outra "operação" policial qualquer. O que não podemos é deixar aumentar ainda mais a quantidade destes "insetos engravatados", a roubarem o nosso dinheiro, o dinheiro do Brasil. O que eles estão fazendo já há algum tempo, do Oiapoque ao Chuí.

Temos ladrões-políticos nas Câmaras Municipais; nas Prefeituras dos Municípios mais longínquos, como lá no Amapá; e até nos Estados; nas Assembleias Legislativas; nas Secretarias de Grandes Órgãos Públicos; nos Palácios; na Câmaras de Deputados, no Senado Federal. E muitos deles já são ricos, mas a medida da ambição deles não tem limites. Temos que exigir a punição deles e a devolução do dinheiro que roubaram ou desviaram.

Esse dinheiro saiu de nosso bolso. Do dinheiro suado que ganhamos e com o qual pagamos mais e mais impostos, desde a água que bebemos, até na conta de energia, do gás, da comida diária. Tudo tem imposto. Impostos que são pagos com o dinheiro suado, ganho com sacrifícios e dificuldades. E esse dinheiro que eles roubam e desviam, é dinheiro do meu e do seu bolso, meu leitor amigo. E, se não tiver uma Lei mais dura para eles, vão conseguir o intento mais sinistro a que se propõem: Ficarem bilionários e o País falido, cheio de eleitores pobres e endividados.

Basta de corrupção!

Cadeia para os Ladrões-Políticos, ou os Políticos Ladrões.

IV – LULA: DE LÍDER SINDICAL A " CHEFE"DO PT.

Em 1983 eu era bem jovem, mas já tinha terminado o Curso de Direito, quando um belo dia visitei uma amiga de infância, de nome Maria José, que estava estudando Ciências Sociais na U.F.G.- Universidade Federal de Goiás. Ela é bem amiga mesmo, pois com 16 anos de idade eu já trabalhava na loja do pai dela e a levava de bicicleta para o Colégio onde ela estudava ainda no 1º Grau. Ela era mais nova do que eu uns 8 ou 9 anos, salvo engano de minha parte.

Como éramos amigos há muitos anos, e eu havia sido convidado a ir em sua casa, fiquei muito tempo conversando com ela neste dia, e à noitinha jantei com ela e seus familiares, e depois ficamos conversando no quintal de sua casa, por mais de três horas.

Ela gostava muito de conversar comigo, e nestas conversas, demonstrava a mim os seus conhecimentos de sociologia, filosofia, socialismo já que estava entusiasmada com o Curso Universitário que fazia. Afinal de contas, ela estava agora em contato com obras como a de Platão (A República), e ensinamentos de Karl Marx (O Capital). Max Weber e outros teóricos e filósofos que se estudam nestes cursos.

Nesta ocasião, ela já era muito politizada para quem tinha uns 20 ,21 anos de idade. E neste dia me confidenciou que iria naquele final de semana, para um tal "Congresso do PT" que iria acontecer em São Bernardo do Campo, onde até o Sindicalista Pernambucano de nome Luís Inácio Lula da Silva Iria aparecer.

E ela, assim como muitos estudantes universitários da época, eram simpatizantes desse tal de Lula, que tinha acabado de fundar o PT-(Partido dos Trabalhadores), em 1980 em São Paulo. Na época os "petistas" diziam que iriam mudar o "Sistema", que um novo Brasil Socialista iria nascer, com igualdade para todos etc.

Esses estudantes da U.F.G. (incluindo a minha amiga), iriam participar do tal congresso do PT e teriam a oportunidade de conhecer o Lula. Foi o que ela me disse.E depois eu soube que realmente ela foi no tal Congresso e em outras manifestações do PT.

E esse PT do Lula era um partido notadamente com cunho socialista, mas que, com o tempo, os seus membros, militantes e simpatizantes viraram comunistas, o que não é a mesma coisa. Em resumo: ficou pior!

Naquela ocasião ela ia com alguns colegas, às suas próprias custas e como "mochileiros" numa excursão de ônibus fretado, e dormiriam num ginásio público em São Bernardo do Campo. Era gostar demais do PT para tal sacrifício, principalmente para ela, de classe média e que nunca trabalhara antes. Afinal sua família era de comerciantes. E assim, ela só aparecia, uma vez ou outra, na Loja onde eu trabalhei e que pertencia ao pai dela. Estamos aqui falando do começo dos anos 80, do século XX, em plena época da Ditadura Militar.

Eu, que também tinha estudado "Economia Política", uma das disciplinas de meu Curso de Direito, e gostava de assuntos de história, filosofia e de política, falei, naquela ocasião, à minha amiga Maria José, que os políticos do PT, quando chegassem ao Poder, agiriam como qualquer outro membro de partido político, e que a maioria dos políticos, ao se elegerem mudam suas ideias e começam a fazer qualquer coisa pelo Poder. Inclusive roubam e desviam verbas para fazer "caixa" para as próximas campanhas. Sempre foi assim. O objetivo deles é chegar ou se manter no Poder.

Disse-lhe ainda que o Sistema Capitalista é que dita as normas dos interesses de um País, de seu povo, dos políticos e dos governantes.

O progresso, o sistema e o mundo são capitalistas, eu lhe disse. E que o Capitalismo combina melhor com a Democracia. É assim nos Países mais Ricos do Mundo. Atualmente até na China, que embora ainda se diga comunista, vive de uma economia Capitalista, vendendo seus produtos para todo o Mundo. Com o que ela, obviamente, não concordou. Ela achava que a URSS (União Soviética) e a China eram socialistas. Na verdade, só a Rússia era. A China era comunista. Hoje a China está entrando na era do Capitalismo, embora sob as ordens do Partido Comunista, que lá domina até o Exército. E sobre tais temas discutíamos muito sobre nossas posições.

Mas, ela era uma sonhadora, e acreditava durante algum tempo, que o Lula era uma espécie de Lech Walesa, aquele líder mecânico de carros, católico e polonês que surgiu nos anos 80 com seu Sindicato SOLIDARIEDADE, na Polônia, e que teve até apoio do Papa João Paulo II para chegar ao poder, como realmente aconteceu entre 1990 e 1995, quando o Lech Walesa foi Presidente de seu País.

Por falar no Papa e em religião, aqui no Brasil na época do Lula e no começo dos anos 80 a Igreja Católica também se engajou com o PT, através das tais "Comunidades de Base". Era época do Frei BETO, que era amigo do Lula, do Leonardo Boff, do Cardeal Dom Hélder Câmara, etc.

Ou seja, até o período da Campanha das "Diretas Já", (da tal "emenda" Dante de Oliveira), de 1984, que defendia eleições diretas, só se falava em Lula.

Tentei convencer minha amiga de que aquela "onda" de apoio ao Lula, surgido nos

Sindicatos de Operários e Metalúrgicos Paulistas e com certo apoio de estudantes universitários, era uma coisa passageira, coisa de movimento que queria mudar o Brasil.

Havia muito ufanismo e era "moda" ser comunista ou defender o Socialismo, entre os universitários. Os militantes saiam de casa em casa filiando pessoas. E faziam isto sem nada receber pelo trabalho. Nesse tempo até os partidos PCB e PC do B saíram do anonimato e começaram a aparecer na mídia. Começava a chamada "Abertura Política" do Governo do General João Batista Figueiredo.

A maioria gostava de ouvir Chico Buarque, Caetano, ou Gil, que eram os ícones da época, que também se engajaram nas "Diretas Já" e no apoio aos movimentos sindicais. Embora se passassem por Comunistas, foram indiretamente beneficiados pela Ditadura, que os fez ficar ricos e conhecidos. Essa é a verdade.

Na época, entre os anos 10980 a 1985 em várias cidades brasileiras, alguns estudantes universitários viraram "militantes" do Partido dos Trabalhadores, que trabalhavam de graça, pois acreditavam nas propostas de Lula e do PT. Eram uns sonhadores. E claro, foram enganados! Demorou mais de trinta anos para reconhecerem isso. Embora atualmente ainda existem muitos estudantes e professores universitários nas Universidades que viraram fanáticos "torcedores" do Lula. A estes eu chamo hoje de **"militontos"**.

Aqueles sonhadores estudantes dos anos 80' se diziam socialistas ou comunistas, muitas vezes sem saber diferenciar o socialismo de comunismo. Acreditavam numa mudança e que Lula era um Político diferenciado, honesto, e um Líder de verdade! Havia uma espécie de admiração ou até mesmo uma "adoração" a ele entre os jovens, como se ele fosse um Mito ou um Ídolo. Mas eu, embora pernambucano como o Lula e saído recentemente da Universidade, era mais pé-no-chão, e não acreditava muito no Lula, inclusive porque eu achava que ele não tinha conhecimentos intelectuais suficientes para chegar a ser Presidente da República.

E o pior é que depois algum tempo ele virou político, foi Deputado, disputou a Eleição para Presidente com o Fernando Color de Mello em 1988, quando perdeu. Mas, depois foi eleito, em 2002, como sabemos. Eu mesmo cheguei a votar nele quando ele derrotou o Fernando Henrique Cardoso em 2002.

Quem se interessa por política e quis ver o Brasil em melhores condições no âmbito interno e no cenário internacional, sabe que o primeiro Governo do Lula, (2003/2006) apesar de ter aparecido o "Escândalo do Mensalão" em 2005, foi um governo razoável. Fizeram alguma coisa. Mas, por debaixo do pano, desviaram muitas verbas públicas também.

Começou aí a roubalheira dos "**Petralhas**" (nome que a mídia passou a chamar os petistas desonestos).

Contudo, o seu Segundo Governo (2007-2010) foi um desastre e começaram a aparecer as acusações, de fraude, os desvios de dinheiro por muitos políticos ligados ao PT. E enfim, toda a roubalheira, que só vieram mesmo à tona com o Julgamento do tal Mensalão, em 2011-2012, pelo S.T.F., sob o Comando do Ministro Joaquim Barbosa, o Presidente na época, desta Corte Maior do Brasil.

Com a Dilma no poder (sucessora do Lula), os membros PT, PP, PMDB e muita gente de dentro do seu Governo, continuaram a fazer desvios de dinheiro, corrupções e fraudes, e estas vieram à tona, com as investigações da Operação lava-jato. E vieram à tona também os casos da Roubalheira na Petrobrás, da compra da Refinaria "superfaturada" nos EUA, (USA) onde aparecem as figuras do Paulo Roberto Costa (Petrobrás) e do doleiro maquiavélico Alberto Youssef (Operação Lava Jato), envolvidos com corruptos e corruptores.

Mas foi antes, com o Mensalão, e seu julgamento pelo STF, que realmente se viu e se conheceu as facetas de Ministros, Senadores, Deputados, e intermediários, tais como Antônio Palocci, Marcos Valério José Dirceu, José Genoino. Todos ligados ao PT do Lula. E até do tesoureiro do PT da época, (o goiano Delúbio Soares), e tantos outros todos ligados aos "Mensaleiros", e que foram condenados.

Para a mídia, o Lula sempre afirmava que não sabia de nada. Mas sabia sim. Era ele, mais um dos **Inocentes de Mãos Sujas**, como eu os chamo. Talvez o chefe de todos. Muitos foram condenados pelo Julgamento do Escândalo do Mensalão a partir de 2011, mesmo com a Dilma no poder (embora ela fosse dominada e orientada pelo Lula, como já falei linhas atrás).

Contudo, após a saída do Joaquim Barbosa, já em 2014, o STF começou a liberar os presos do Mensalão, pois agora a maioria dos membros daquela corte são de Ministros indicados ou nomeados por Lula ou por Dilma. Eles são manipulados pelo Executivo. E ficou mais difícil de se fazer Justiça no Brasil.

Finalmente, o que se sabe e o que se denúncia é que o Lula, sempre soube de tudo, se enriqueceu também com as fraudes e os desvios de verbas feitas por seus auxiliares. Tanto que dizem que ele tem bilhões de dólares. Até os seus filhos, noras, e outros familiares foram beneficiados. Estão todos ricos, pelo menos por enquanto! Ricos sem trabalhar. O Prof. Marco Antônio Villa da Revista Veja, que também é Professor de História da USP, e também comentarista da TV Cultura, disse várias vezes na TV que **"O Lula é o maior ladrão que já apareceu em um Governo no Brasil e que é ele** o Chefe da Máfia do PT, ou da Quadrilha dos Petralhas" (uma alusão ou trocadilho com os Irmãos Metralhas da Disney, daquelas antigas revistinhas de desenho da Editora Abril. Assim, estes corruptos do PT agora são chamados normalmente de PETRALHAS nas redes sociais. E esse Professor, em comentários na TV Cultura, já falou várias vezes do Lula, chamando-o de "O Criminoso de São Bernardo do Campo", que é a cidade onde o Lula morou sempre, quando era Líder Sindical.

E na eleição de 2014, que se realizou em 05 de outubro e 26 de novembro (2º Turno), o PT do LULA, elegeu pouquíssimos políticos. Nem mesmo onde tinha Governador, como Brasília, ou Rio Grande do Sul, eles ganharam. Nenhum Deputado do PT de Lula foi eleito em Pernambuco, onde nasceu. Estava começando o fim da era PT. Aqui em Goiânia a situação ficou crítica e o candidato a Vice-governador na chapa do PT renunciou e a Justiça cancelou a chapa do PT, a qual tinha o Prefeito de Anápolis na condição de candidato a Governador. Tudo por causa de ingerências e perseguições do Prefeito de Goiânia da época, o Sr. Paulo Garcia do PT, 3 que não foi aprovado pela Direção do PT para ser o Candidato ao Governo do Estado.

3- O pior Prefeito que Goiânia(GO) já teve. Faleceu em 2017, poucos meses após entregar a Prefeitura ao sucessor, Iris Rezende Machado

Para mim agora está sendo decretado o fim do PT, e de seus Petralhas, com Lula, Dilma & Cia indo para o ostracismo a partir de 2018, por causa dos processos na Justiça e por imposição do Congresso. E porque todas as fraudes deles estão vindo à tona.

Mesmo que alguns burros, jumentos militontos petistas ou mal informados eleitores-otários tenham eleitos a Dilma em 2014, ela não terminou seu mandato. Foi afastada em abril de 2016, pelo Impeachment! Como disse o Joelmir Betting, um conhecido Jornalista da TV: **"O PT começou com presos políticos e termina agora com políticos presos "**4

Eu, que já vivi muito e acompanho a trajetória do Lula desde 1980, e que votei nele uma vez (2002), me decepcionei muito com ele. E pergunto aqui: Como aquele Líder Sindical simples, com pouco estudo e nenhuma tradição política na família, que dizia que era socialista/comunista, e que defendia os pobres, ficou milionário, ou bilionário, como dizem, ao ponto de ser considerado como o Chefe-Quadrilheiro de toda a Máfia atual do PT?

4- Joelmir Betting faleceu em 29/11/2012. Foi âncora do Jornal da TV Bandeirantes -SP, por muitos anos e escrevia também em Jornais.

O certo é que o tempo passou e hoje sou um simples advogado com muitos anos de experiência, e que aos poucos fui deixando as lides forenses para me tornar, num simples escritor, cronista do tempo em que vivo.

E aquela amiga minha, a Maria José, do começo desta história, hoje em dia é uma Professora Universitária, com Pós-Graduação muitos anos de magistério. E, provavelmente, não deve mais acreditar em seus sonhos de socialismo/comunismo no Brasil. E nem deve acreditar no Lula, já que ele esteve envolvido em todas as corrupções recentes do PT e associados.

Se porventura a minha amiga Maria José ler este texto desse livro, irá se lembrar de todas as palavras que lhe falei naquela longínqua noite de 1983, por certo dará razão para mim, lembrando do que lhe disse sobre capitalismo, socialismo e comunismo, e sobre os políticos ficarem desonestos quando estão no poder. Atualmente é difícil encontrar um político honesto de verdade. Lembrará ela também, sobre o que eu lhe disse sobre a influência do Dinheiro sobre a Política. Ou seja, sobre o Sistema Econômico Mundial, que determina tudo, nossa vida, nossa sorte nos negócios, etc. Em suma, o Capital é que direciona o mundo.

O Lula, aquele Mito por quem ela sentia adoração, virou um político corrupto, desonesto e mentiroso. E isso o Brasil inteiro já sabe! Está condenado em um processo. Tem mais cinco em andamento e na feitura desse livro, estava para ser dada a Sentença (Acórdão) em 2º grau, pelo Tribunal Federal de Recurso de Porto Alegre. O TFR-4. Um Ladrão multinacional, eu diria, pois ele envolveu outros países em seus negócios ilícitos, e nas famigeradas palestras combinadas, intermediação em contratos com grandes empresas, propinas etc. Ele poderá ser considerado, em breve, um dos Presidentes mais corruptos de todo o mundo. Quando terminei de escrever este livro, em janeiro de 1018 ele estava bilionário, com todo o dinheiro que roubou. E estamos vendo o final do partido que ele fundou, o PT. E o Lula ainda tenta querer ser um líder. Só que em queda livre de popularidade.

Mas, no futuro, quando muitos estarão lendo este livro, ele pode não ser mais nada e não ter mais nada, em termos de dinheiro, pois pode perder seu patrimônio pelos processos que já surgiram e surgirão, que, por certo, sequestrarão e arrestarão todos os bens que ele seus filhos compraram, com o dinheiro roubado ou oriundo de propinas.

É Líder dos ladrões, dos apaniguados dele, dos puxa-sacos do PT, ou dos que são pagos com pão e mortadela, para baterem palmas para ele. Lula virou "Persona no Grata" na política. Na mídia, na televisão e nas redes sociais. Todos veem ele com desconfiança!

Além disso é visto pelos eleitores como um político corrupto e desacreditado. Não se reelegerá jamais. Nem aqui, nem na China! E não há mais simpatizantes jovens universitários trabalhando para o PT, como antes. Os cabos eleitorais de hoje são contratados, ou militantes pagos, do MST, que cobram R$ 50,00 por dia, mais um pão com mortadela, transporte etc. para ficarem com bandeiras do PT nas ruas. E o Lula é, segundo os jornalistas sérios, o "Capo de Tutti i Cappi". Ele é o Chefe de todos os chefes da Máfia ou Quadrilha do PT. E faço a pergunta final: se ele é o chefe, por que não está preso?

Pelo menos não estava até a revisão desse livro. Enfim, o cenário agora é outro e nem o Lula, nem Dilma, nem o PT é bom para nosso País, neste momento. Nem para o futuro. Estamos vendo mesmo, o fim do PT, pois é isso agora que a maioria do povo quer. Inclusive os estudantes universitários, que não mais se mobilizam em favor de candidatos como faziam antes. Nem pelo PT nem por outros. Os jovens de hoje estão desacreditados dos Políticos e da Política. Hoje eles são mais realistas e querem muito é se formar na Faculdade, ter uma profissão, entrar no "mercado de trabalho", se dar bem na vida, sem sonhos, mas com estudo, realismo e muito trabalho. Todos querem ganhar dinheiro; ter um emprego; ter conta em banco; comprar carros; casas ou apartamentos. Pois a Sociedade de Consumo e o "Sistema" deste mundo Capitalista exige isto.

V -CACHAÇA, CORRUPÇÃO E POLÍTICA NO BRASIL

Em 2012 foi resolvida a questão comercial sobre a utilização do termo "cachaça". E agora essa "marca" é nossa. Na época a "Presidenta" Dilma até foi conversar com o Obama sobre isso. Os gringos diziam que nossa pinga, nossa cachaça, era o Rum brasileiro. Esse povo dos EUA não sabe nada do Brasil. Ora bolas! Rum brasileiro?

Eu pensei que o primeiro Governo do Lula já tinha resolvido esse problema. Afinal, parece, o Lula entende mais de "cachaça" do que a Dilma. Mas, foi resolvido mesmo em 2012, no 1º Governo da Dilma. O segundo Governo dela, de 2014 em diante, foi muito mais um "desgoverno", até ela ser afastada em abril-maio de 2016, pelo Impeachment.

E repito: Os Americanos do Norte, nada sabe sobre nós, os brasileiros. Aliás, eles achavam que nós falávamos espanhol, até há bem pouco tempo. O Presidente Ronald Reagan, quando veio aqui achou que estava na Bolívia. E a bem da verdade, muitos americanos acham que falamos espanhol, pois não conhecem bem o idioma Português. Por certo acham que nosso samba é a "rumba", (ou é a "cumba"?)

Na verdade, eles nada sabem do Brasil mesmo. Acham que só temos carnaval, futebol e café. Nem devem saber que temos ladrões de sobra, até para exportar. O Reagan era meio alienado, pois vivia no mundo do cinema, de onde saiu e foi eleito apenas porque era conhecido nesta área da arte. Eles também erram a escolher Presidentes. O Reagan foi um destes mal escolhido. Melhoraram com a escolha do Clinton e do Obama. Mas erraram de novo ao escolher o arrogante Donald Trump.

Decerto, para o Reagan Brasília era La Paz, a Capital da Bolívia. Talvez deve ser pela "paz financeira" que reina entre os políticos da Capital Federal. Eles são especialistas em roubos, propinas e corrupção. Ou seria porque temos muitas drogas vinda da Bolívia, quem sabe?

Porém, voltando ao problema da "cachaça", para mim só tem importância em termos de dividendos para a balança comercial do Brasil, pois como bebida, dispenso ela mesmo e acho que ninguém deve sair por aí enchendo a cara de pinga não, pois não há fígado que aguente. Prefiro uma cervejinha de vez em quando...

Mas, a "cachaça" sempre foi nossa. Aqui, e em alguns outros Estados, a pinga se chama "aguardente". Outros chamam de "birita". E tem cachaça com todo tipo de nome, tais como: "Chora Rita"; "Detrás do Saco". E tem uma cachaça chamada "Amansa Corno"; outra que se chama "Providência";

e uma que se chama "Atitude". Esta marca, acho, pertencia a um ex-Governador de Goiás, o Ary Valadão, cuja família é originária da Região de Anicuns, Estado de Goiás. Então o bebum dizia: "Vamos tomar uma "Atitude" ali no boteco?" Ou então o Político diz: -"Vamos tomar uma "Providência"

É, mas temos cachaças famosas, dentro de garrafas "chiques", empalhadas, tal como a marca Ypióca, que é exportada até para a Alemanha!

Temos pinga para todos os gostos: de "alambique", da "pura", da "branquinha" E temos também a "Pitu" também, que é de meu Estado (Pernambuco) e é vendida em muitos Países. Esta é das boas. Mesmo assim, não recomendo a ninguém ficar bebendo essa droga, por aí... A não ser um gole de ano em ano. Já está provado que o álcool faz mal à saúde. E o alcoólatra causa problemas à família, também. Causa acidentes, prejuízos e mortes.

Pessoalmente acho até que o Obama deveria ter vindo aqui aprender apenas uma coisa: Como lidamos com a corrupção. E esquecer o problema da cachaça, que eles queriam patentear para eles. Em termos de Corrupção, Ladroeira e Propinas, entre os políticos safados, somos mestres. E temos corruptos em todas as escalas e patentes.

De Vereador a Governador. De Deputado a Presidentes e Ex-Presidentes. Estão aí nessa "turma "a Dilma, O Collor, o Lula e o Temer que não me deixam mentir. Temos corruptos em todos os Estados brasileiros. Porém, o Lula é o mestre de todos. Ele enganou 200 milhões de brasileiros, por muitos anos.

-E ficou conhecido agora como o "Rei dos Ladrões ". (Antes ele era só o Rei da Pinga -que é o mesmo que cachaça).

-Somos, mais do que nunca, o País dos Corruptos. Sinto muito, como brasileiro ter de dizer isto, mas é a verdade.

E creio que, com toda essa "safadeza" costumeira que os políticos fazem com o dinheiro dos nossos tributos, ainda poderemos ser, em breve, a última economia do mundo, se depender desses políticos, que nem precisam de cachaça para praticarem suas corrupções. Os políticos do PT, do PP e do PMDB foram os que mais contribuíram, entre os anos de 2002 a 2017 os que mais contribuíram para afundar e as finanças do Brasil.

Já o TRUMP, em janeiro de 2018 por seu lado estava preocupado mesmo é com a China, que está crescendo economicamente mais do que eles! E com a Coreia e com os conflitos no Oriente Médio, que ele causou ao dizer que os EUA iam mudar a sede da Embaixada americana em Israel, de Tel Aviv para Jerusalém, o que desagradou os muçulmanos e palestinos. Principalmente estes que querem

Jerusalém como capital de sua Nação. Enfim, os Americanos do Norte preocupam-se também com os terroristas. Antes eles se preocupavam com nossa cachaça e com a nossa democracia também.

Agora, no Brasil, tivemos, entre 2003 e 2016 a Democracia mais corrupta do mundo. Culpa do PT, do Lula e da Dilma, enquanto estes ficaram no poder. E os americanos, que nos vigiavam, nada fizeram para nos ajudar nos últimos 12 anos.

-Era isso que eles queriam, quando interferiram, via CIA para derrubar o Governo do João Goulart, só porque ele era amigo de Cuba e da URSS? Eles interferiram até na nossa Economia, quando mandavam para cá os "fiscais" do FMI. Esse era um outro tempo.

Eu acho que já pagamos o que devíamos para eles, pelo menos é o que disseram os governantes do PT anos atrás. Se mentiram, a culpa é deles, dos petistas Lula e Dilma. Será que nos enganaram de novo? Até eu tenho essa dúvida até hoje. Será que pagamos mesmo?

O problema agora é trazer o restante de brasileiros que ainda estão por lá, pelos Estados Unidos. Os aventureiros que foram morar lá, sonhando ganhar dólares, desde os anos 90, e que agora estão em dificuldades até para voltar para o Brasil. Ir lá agora, só a passeio. Aliás, só como turistas, os Americanos do Norte ainda nos querem lá, para gastar dólares. Para tirar os empregos dele?

Quanto a nós do Brasil, estamos conscientes de que aqui é o País da Cachaça, do Carnaval, do Futebol, das Morenas, do Samba e do Pagode! E agora mais do que nunca, da Corrupção e dos ladrões políticos. Ou são políticos ladrões? E agora, já temos até a figura do "Operador de Propinas", surgida a partir da Operação Lava-Jato. O primeiro que ficou conhecido foi o "Fernando Baiano". Mas, estamos cheios de ladrões comuns, pés-de-chinelos e outros tipos mais.

Difícil vai ser a gente achar um candidato honesto para poder votar nele., nas próximas eleições. Nosso grande motivo de escape é o futebol, mas em 2014 não ganhamos a Copa do Mundo no futebol. Ficou esperança para a copa da Rússia, em 12018.

E vamos sonhar agora com dias melhores para nosso País, sem PT, sem Lula sem Dilma, sem Temer etc. Com cachaça ou sem cachaça! Mas, com esperança! Em 2018 temos eleição e devemos mudar tudo, aqui no Brasil. Inclusive o Presidente da República! Vamos torcer para isso. Torcer para melhorar nosso País de agora em diante...

VI- CRIMINALIDADE E IMPUNIDADE NO BRASIL

Nos últimos anos vimos notícias na televisão que me levaram, e levam sempre, à reflexão sobre o futuro da humanidade, diante de tanta criminalidade e desagregação social, que vem ocorrendo em nosso dia a dia.

Em dois destes casos vi pessoas de idade sendo maltratadas, abandonadas e enganadas por seus próprios filhos e netos. Senhoras bem velhinhas, sendo maltratadas também. Uma delas que teve dez filhos e vivia em condições sub-humanas, numa barraca de lona sem nenhuma higiene. E num outro caso, duas senhoras de idade, sendo uma tia da outra, que viviam à mercê de seus netos, que faziam orgias e usavam drogas na casa, sendo que um deles, roubava as aposentadorias delas, para gastar com drogas, e farras com o amigo, e mal davam alimentos ou remédios a elas. Todas estavam doentes, desnutridas e abandonadas.

Isto me faz lembrar casos que existem em Goiânia, onde as mulheres, mães, que já estão separadas de seus maridos, ou que as abandonaram, e agora elas abandonam seus filhos em busca de trabalho no exterior, e lá, começam novas vidas, com novos amantes (que dizem ser namorados), atrás de luxo e conforto.

Só que deixaram seus filhos com as avós maternas, e estas, invariavelmente, não têm condições físicas, financeiras e psicológicas para criarem seus netos. Estes acabam por enveredarem no caminho da criminalidade. Muitos agem igual ao caso apresentado na TV: acabam por roubar suas avós. Alguns chegam a matá-las, porque não lhes dão o dinheiro para comprar as drogas, das quais são dependentes. O Noticiário da TV está recheado de casos de violência assim todos os dias. Pesquisas de dezembro de 2017 mostraram que aqui no Brasil são assassinadas mais de 60 mil pessoas por ano. Nenhuma guerra em andamento no mundo tem matado tanta gente como aqui. A vida perdeu o valor, principalmente para os bandidos, sejam eles maiores ou menores, que matam sem piedade.

O pior de tudo isso é que, mesmo presos, os "nossos" bandidos estão sendo soltos aleatoriamente. Seja porque a Lei é frágil, seja porque não há mais lugar nos presídios. E os Governadores gastaram mal ou desviaram o dinheiro que era para construir presídios. Junte-se a isto o fato de que os políticos fizeram leis que beneficiam os bandidos. Quem comete crime com pena não superior a 4 anos não fica mais preso.

Junte-se a tudo isto a incompetência e desinteresse dos políticos em votar leis mais duras. Puseram a Lei que reduzia a maioridade penal, para apreciação no Congresso. E parece que foi aprovada na Câmara dos Deputados, mas foi barrada no Senado, que a engavetou.

No entanto, na modificação que foi feita na Lei de Execuções Penais, vários benefícios foram dados aos bandidos, em caso de progressão de penas, como redução de pena, saídas temporárias aumentadas, direito de ficar em casa (?) usando tornozeleira eletrônicas, prestações de serviços à comunidade etc. O maior problema é que a Polícia e a Justiça não têm gente suficiente para vigiar e fiscalizar a aplicação dessas penas.

Aliás, em alguns Estados brasileiros nem dinheiro para comprar tornozeleira eletrônica eles possuíam em 2017, tal era o sucateamento das Polícias.

Com tudo isso, ficamos à mercê dos bandidos, que agem à qualquer hora do dia e da noite. Hoje em dia são muito comuns as notícias de sequestros em portas de bancos, de bandidos entrando dentro das casas, dos comércios para roubar, a qualquer hora do dia ou da noite. Isto sem falar no tanto de carros que eles roubam todos os dias. E o pior de tudo isso é que, muitas vezes, os bandidos atiram na vítima, quando não levam o carro ou a moto. Matam sem piedade. Acho mesmo que só param de roubar e matar, quando são mortos, pela polícia, que já está cansada de enxugar gelo: eles prendem, e imediatamente a Justiça solta. Isso em todo o Brasil. No caso específico do Rio de Janeiro a coisa ficou fora de controle. Lá quem manda são os bandidos. E os policiais (muitos deles) se associam aos marginais, com objetivos escusos, como extorquir dinheiro deles e dar liberdade aos mesmos, ou até mesmo participando de roubos, morte e tráfico de drogas.

Isto tudo, sem falar nos grandes roubos a carros fortes das Empresas de Segurança e aos ataques com bombas nas Agências Bancárias por todo o Brasil (mais de mil casos em 2017), quando os bandidos de quadrilhas organizadas destroem as agências bancárias do interior e capital e levam até o cofre das agências, onde eles já sabem que realmente ali tem dinheiro. Dizem agora por aí e na mídia em geral que no Brasil somente as quadrilhas são organizadas. Quando são quadrilhas grandes, a própria imprensa os chama de Organização Criminosa, como se fosse uma empresa, especializada em roubar e matar. Desse jeito ninguém aguenta mais. Estamos fritos. Mas temos de agir para mudar isso!

VII- O "DE GAULE" TINHA RAZÃO?

Muitos anos atrás, o Presidente da França, General Charles de Gaulle, que era um militar (herói da 2ª Guerra, mas que depois foi eleito pelo voto), veio ao Brasil. Aqui, vendo nossa desorganização política e social, disse:

"Este não é um País sério"

Falou a verdade e sua frase soou como uma "bomba" para os jornalistas e políticos da época. Outros dizem que não foi ele que falou tal frase. O certo é que, na época, houve repercussão mundial negativa para nós, obviamente. E, infelizmente, essa afirmação se aplica muito bem ao Brasil de hoje.

Na eleição de 2014, onde mais uma vez o povo foi enganado, quem era o Presidente do T.S.E-Tribunal Superior Eleitoral? -

Exatamente um Membro nomeado pela própria Candidata Dilma, para o cargo alto de Ministro do STF. E quem era e é essa figura? Nada mais nada menos do que o Sr. Luís Dias Toffoli, um simples advogado, sem nenhum título especial de especialização e que nunca foi Juiz, Promotor ou coisa parecida. Tinha sido Advogado Geral da União, mas num cargo político, sem concurso, sem prova de títulos sem nada. Tinha sido conduzido ao cargo apenas por ser amigo do Lula desde os tempos primórdios do PT. Foi e é apenas um advogado que trabalhava exatamente para o PT do Sr. Lula e Cia Ltda. Ou seja, fizemos papel de palhaços mais uma vez. E quando da Eleição de 2014, ele como Presidente do T.S.E, foi exatamente uma raposa tomando conta do galinheiro! Dizem até hoje, que houve fraude nessa eleição.

Depois todos viram no que deu:

A Dilma ganhou a eleição, e o Sr. Toffoli foi reconduzido ao Cargo de Ministro do STF, e agora é um dos que estão a julgar os ladrões do dinheiro público, os empresários e políticos do PT, do PP e do PMDB, que roubaram o dinheiro da Petrobrás, e por que não dizer do povo brasileiro, já que a Petrobrás é uma Empresa Pública. Era nossa maior empresa, hoje não é mais.

E a Dilma também nomeou outro militante do PT, o Sr. Luiz Edson Fachin, um advogado do sul do Brasil, que também nunca foi Juiz nem Promotor de Justiça. Ele que, enquanto era Procurador de Justiça,   advogava tranquilamente para   pessoas físicas. O que é incompatível, inclusive pelo Estatuto da OAB. Porém, sabatinado pelo Senado, como exige a lei, com os Senadores, a maioria deles comprados por cargos e benesses de todos os tipos, o conduziram ao Cargo de Ministro do STF.

E se não tivessem aumentado a idade de aposentadoria compulsória dos Ministros para 75 anos, nos próximos três anos o atual Presidente ou quem o substituir, iria nomear mais cinco ministros para o STF. Aí ficavam, praticamente todos os 11 Ministros da Alta Corte de Justiça do País chamado Brasil, nas mãos do Executivo. Pode uma coisa destas?

Parece que, para nós, que de nada adiantou todos os esforços do Montesquieu, que tanto lutou no passado para conseguir a Tripartição dos Poderes. Aqui quem manda no Judiciário é o Executivo. E o Legislativo, que deveria fiscalizar, está refém, capacho que é, também, do Governo Federal, pelas benesses, cargos, verbas e almoços em conjunto. E o Legislativo Federal (Câmara dos Deputados e Senadores) faz o jogo do poder. Ou seja, aprova tudo, no "toma lá, dá cá" dessa política nojenta feita por estes políticos corruptos e ladrões que dominam o Brasil desde o Século XX.

O pior é saber que o STF- Supremo Tribunal Federal- atual não é independente. Sofre influência política mesmo. E nem poderia ser diferente, são os Políticos que indicam e nomeiam os membros dos cargos altos do Poder Judiciário no Brasil   atual.
O certo seria que tais Ministros deveriam ser levados ao cargo através de Concurso Público, como acontece com Juízes e Promotores de Justiça. Aliás há Projetos de Leis para serem aprovados pelo Congresso, nesse sentido.

Já vimos este "quadro" antes, no caso dos Tribunais de Contas, formados por políticos que estão em fim de carreira ou que não conseguiram se eleger. Estes Tribunais, seja a que nível for: municipal, estadual ou federal. Estes fazem, também, o jogo do poder. Nada fiscalizam. É um faz de conta que custa caro aos cofres públicos, pois são compostos de funcionários que recebem altos salários.

Deixando de lado toda essa desorganização judicial, social e política que campeia no Brasil do começo do século XXI tenho aqui a minhas sugestões para as próximas eleições:

1)-Que se vote pela Internet.

2)-Que não mais sejamos obrigados a votar

3)-Que os votos todos passem a ser impressos.

Assim, votaríamos em candidatos conhecidos, pré-escolhidos, entre pessoas idôneas que representassem de verdade os Sindicatos, as Classes de Trabalhadores. Ou em Dirigentes honestos de Empresa Públicas, de Economia Mista, ou privadas, que fossem bem estruturadas.

Ou votaríamos naquele Político que se destacou por fazer alguma coisa pelo seu Município, Estado ou no âmbito Federal, etc. E, obviamente, que fosse candidato escolhido comprovadamente honesto. Assim na minha ideia e sugestão dadas linhas atrás, todos nós, devidamente cadastrados e relacionados no   T.S.E. entraríamos no Site desse Órgão no dia determinado para a Eleição e aí, observando a ficha, o curriculum e a foto do Candidato, nós votaríamos, e em seguida à votação cada um de nós poderíamos imprimir nosso voto, para posterior comprovação. Como a maioria de nós temos um E-mail devidamente cadastrado na Internet, com senha, etc, não haveria fraude. O T.S.E saberia quem votou.

-É simples não?

Ao TSE, caberia apenas contar os votos e Diplomar os Eleitos. E se houvesse dúvidas, era só fazer a contagem dos votos, todos impressos com o nome de quem votou e em quem votou. Simples e seguro. Hoje todo mundo tem computador. Quem não tem, iria numa dessas "Lan-House", que ficariam abertas no dia da Eleição. Iria poupar filas, grandes despesas da Justiça Eleitoral e todos ficariam satisfeitos. Além disso, diminuiriam os "santinhos" dos políticos e a sujeira nas ruas. -Precisamos evoluir mais.

E quanto às urnas eletrônicas? - Perguntarão: Ora, estas nós daríamos para os outros Países, que estão mais "atrasados" que nós, em termos de eleição. Ou daríamos elas para as crianças brincarem. Seria muito bom. Ficará mais fácil. Fácil e prático. Aposto que a maioria da população iria gostar. E muitos nem sairiam de casa no dia da votação. Tem coisa melhor que isto?

Essa ideia não deve ser só minha, mas é minha a SUGESTÃO: -Próxima Eleição: VOTAR PELA INTERNET E COM O VOTO SENDO FACULTATIVO E IMPRESSO.

Afinal de contas já não tem mais comício, tudo é proibido para os políticos hoje nas campanhas. Então, que se acabe com toda essa palhaçada eleitoral, que é uma enganação de panfletos e bandeiradas nas ruas. Depois de eleitos, eles é que vão mandar mesmo. Aí farão o que quiserem, é corrupção para todo lado. No entanto, essa problemática e a "trabalheira" de investigar os corruptos ficariam para a Polícia e os Julgamentos a cargo da Justiça. Como já ocorre há muito tempo.

VIII- OS DITADORES DA CONSCIÊNCIA HUMANA.

No meu dia a dia de observador nato e cristão que sou, não posso me omitir sobre toda a influência que a Mídia, a Televisão, o Cinema e as Revistas têm veiculado em detrimento da formação do povo brasileiro. Falo pelo Brasil, porque sou daqui, mas a influência nefasta destes meios ocorre no mundo inteiro.

Nos últimos 30 anos a "coisa " piorou muito. Os meios de comunicação, ditadores da moda, dos costumes e da consciência humana, nos têm levado, e principalmente aos jovens, ao consumismo desenfreado e à degradação moral, numa promiscuidade difundida desde as novelas, nos filmes e minisséries. E até em programas como o "Big Brother", "Pânico" ou na "Fazenda" dessa TV Record da IURD. Estes programas, especialmente, são excrescências de imoralidade, "faz a cabeça" de muitas pessoas menos preparadas psicologicamente. E por imitação, muitos acham ser tudo normal ali, e na vida real.

Falo com a consciência tranquila de cristão, de que estou certo. Estes programas têm deturpado a nossa moral de tal modo, que fica muito difícil ensinar a juventude a trilhar o caminho do bem, tal é a influência maléfica deles. Até a criminalidade é um tentáculo desses "Escravistas da

Mídia", os que chamo de: **"Ditadores da Consciência Humana".**

"Os meios de comunicação estão nas mãos dos maus " falou o compositor e cantor Elomar Figueira Melo, num depoimento à TV, há alguns anos. Com o qual concordo.

É preciso ter muito cuidado com estes "Ditadores"! Estes "formadores de opinião" que se enveredam dentro do Rádio, da TV, da Música e do Cinema. Eles estão a serviço do mal. Nem todos, obviamente. Mas, existe todo um trabalho pernicioso aliciando jovens para segui-los. E a TV e a Mídia em geral são financiadas pelas grandes empresas e grandes bancos que querem sempre vender, fazer você gasta. A "dica" deles é: Compre, Compre, Compre!

Aos poucos vão escravizando as nossas mentes, para que sejamos favoráveis às suas mensagens. Tudo para "vender" a ideia do consumismo, das drogas, da homossexualidade e em consequência, da promiscuidade. Isto porque, quem assim age, consome mais os produtos que eles "vendem". Vendem, acima de tudo, uma ideia de que tudo é normal. Defendem a ideia de que trair, consumir drogas, ser homossexual e tirar vantagens em tudo é o certo.

Lembram-se da "Teoria do Gérson" que dizia na propaganda antiga de cigarros:

- "Você tem que levar vantagem em tudo, certo?" 5

São estas e outras mensagens subliminares que entram em nossas casas todos os dias e noites. Principalmente pela TV. Mas também pelas Redes Sociais e Celulares. E as maiores vítimas são as crianças e os jovens, pois estes estão em formação de consciência e pensamentos. E na idade da formação moral, conforme o caso. Há interesses obscuros por detrás dessas redes, dessas "máfias" silenciosas do consumismo universal, querendo nivelar todos pelo lado do mal, como se todos fôssemos iguais. É preciso ter muito cuidado com estes senhores "ditadores" da consciência humana. Cuidado com os pedófilos, com os diretores, atores e atrizes gays que se prestam a difundir estas condutas pornográficas, nas novelas e séries da TV. Principalmente da TV GLOBO.

---

5 -Era uma propaganda de cigarro, nos anos 80 e quem falava esta frase era o ex-jogador Gérson, da Seleção Brasileira de Futebol, na Copa de 1970. Depois esta propaganda foi retirada do ar e nunca mais foi usada tal frase. Acho que foi o CONAR que ordenou.

Enfim, devemos ter cuidado com os programas de televisão, além das novelas, com os filmes e até mesmo com as músicas que ouvimos.

Lembrem-se da máxima bíblica que diz: " NÃO PODEMOS SERVIR A DOIS SENHORES".

Devemos tentar ser "para-raios" humanos da sociedade, como alguns poetas, artistas, músicos e escritores tentam ser. Mas, estes são só 1% da população mundial. É preciso salvar o ser humano desse desejo de ser bicho! Fugir desse homem-animal que prolifera na sociedade moderna...

E precisamos aumentar o percentual das pessoas de bem. É PRECISO SALVAR O MUNDO DESSES TENTÁCULOS DO MAL. SALVAR NOSSAS ALMAS.

Devemos fugir desses tentáculos, desses "monstros de sete mil cabeças", avançando via internet pelo mundo afora, que são difundidas todos os dias pelos defensores do mal. Precisamos seguir os caminhos da Bíblia, do Bem, do Cristianismo, sobretudo. Ou do Budismo, do Islamismo, do Judaísmo, ou do Espiritismo, desde que voltados para a formação da moral, da boa conduta e da boa consciência humana.

Precisamos nos ater, não só agora, mas a vida inteira, e daqui por diante, por toda a vida, dos ensinamentos deixados por Jesus Cristo, e principalmente baseados no "Autor da Fé", o Senhor e Criador dos Mundos. Só assim teremos PAZ. E eu não falo aqui apenas de paz, para que não haja guerras, mas sim de PAZ ESPIRITUAL. Esta é a nossa principal busca. A nossa maior Meta!

Cuidado com os falsos ensinamentos de professores mundanos, de falsos profetas (Mercadores da Fé), de médicos que fazem abortos, dos políticos que defendem o mal, como este tal Político Jean Willys, um ateu, comunista e gay que está a serviço do mal, no Congresso Nacional.

E temos de ter cuidado até com psicólogos de cachorros ou dos cientistas que estão a serviço de laboratórios, que defendem este mundanismo ou hedonismo universal, que está na TV e nos outros meios de comunicação, sempre defendendo a Inversão de valores.

Busquem a oração, inclusive para curar doenças, pois estas são tentáculos do maligno e não podem ser solucionadas apenas pelos remédios, muitas vezes. Enfim: Faça uma reflexão do que está à sua volta.

Lembrem-se: "O MAL ESTÁ EM QUEM MAL PENSA". 6

Este é um provérbio latino, que muito bem exprime o que temos na mídia atual. Cuidado até com os comerciais de TV, onde é difundida a imoralidade.

Tudo é direcionado à nossa mente pela mídia. Há uma sexualização até da economia. É preciso muita sabedoria e perspicácia no mundo de hoje, sob pena de destruição da nossa consciência, da consciência humana.

PENSEM NISSO.

Tenham cuidado, muito cuidado com tudo o que veem e ouvem. E de quem está à sua volta. Orem, rezem e vigiem. Tenham uma boa conduta social e procurem desenvolver o bem no dia a dia, inclusive ajudando seus semelhantes.

E que DEUS tenha piedade a todos nós!

6- Frase utilizada no Brasão da Ordem Jarreteira Inglesa, em latim mesmo **(Hony soit qui mal y pense)** Ordem criada por Eduardo III da Inglaterra no tempo das Cruzadas.

IX- PALHAÇADA POLÍTICA NO BRASIL: O TIRICA FOI ELEITO.

Quando eu era pequeno, entre os 06 e 09 anos de idade, residia na cidade de Vitória da Conquista, no Estado da Bahia, Brasil. Ali eu morava por causa de meu pai, que era sócio de meu tio, em uma loja comercial da cidade. Entretanto, todos nós, da minha família somos do Estado de Pernambuco. Já informei isto em outros artigos e crônicas de meu Blog, o "Palácio de Letras". E até em outros livros, especificam em um biográfico, onde conto parte de minha vida.

Então, ali naquela cidade, com minha vidinha boa de menino pequeno, era uma festa saber que um Circo tinha chegado na cidade. Passavam anunciando na rua: "O CIRCO CHEGOU!", e os palhaços, alguns bichos, as bailarinas e os acróbatas, desfilavam nas ruas, e nós, da garotada, saíamos correndo atrás. A música da propaganda do circo dizia:

"Hoje tem marmelada, tem sim senhor.

Hoje tem espetáculo, tem sim senhor.

É oito horas da noite? É sim senhor!

E o palhaço o que é?

É ladrão de mulher" ...

Era uma festa simples, alegre. Éramos felizes, pois sabíamos que, mais dia, menos dia, iríamos no Circo. Era sagrado a ida no Circo. Meus irmãos mais velhos me levavam. Os carros com som, puxavam aquele "cordão" da meninada feliz, contente, correndo atrás.

Mas eles, os animadores do circo, os palhaços verdadeiros, nada roubavam. E nós ficávamos apenas a espera de saber a partir de que hora ou que dia o Circo estaria "armado". "Armado" porque esta era a palavra usada para informar que o Circo subira a lona, cobrira o "picadeiro", que era o palco de tudo o que se apresentava. Vi circos como o Russo, o Garcia o Nerino, entre outros. Quem está perto dos 50 anos, ou tem mais que isso, sabe do que estou falando, principalmente quem morou em pequenas cidades do Brasil.

Dei esta introdução para depois deixar aqui a minha indignação com a eleição ou reeleição de alguns candidatos, nestes últimos anos. E elegeram, de novo, alguns candidatos "fichas limpas", outros nem tanto.

E alguns bons candidatos. Mas, também elegeram uns candidatos ainda "fichas meio-sujas", e alguns "palhaços", outros nem tanto. Outros são candidatos oportunistas, como alguns cantores, artistas, médicos, jogadores, ex-jogadores e gente da TV, etc. que não foram eleitos. Mas, quem é o palhaço-mor de quem estou falando? Ou quem são os verdadeiros palhaços? Eles, os eleitos, ou nós que votamos neles? Eu, creio que os palhaços somos nós os pobres eleitores-otários por certo. Pois fazemos sempre o papel de palhaço. Ou somos os assistentes de toda esta palhaçada, do dia a dia, no picadeiro da vida?

Tudo começou com os Trapalhões da Justiça Eleitoral, que nos últimos anos tem aprovado algumas coisas estranhas, para "liberar" alguns candidatos. Depois vem esse engodo da votação obrigatória, e por último a constatação triste de que ainda temos muitos eleitores idiotas no Brasil. E muitos destes eleitores-otários votaram, duas vezes, no Candidato TIRICA. Aquele cearense-palhaço da televisão.

Como comediante ele é até engraçado. Ele sim é um Palhaço de verdade. E jamais um político. E nada tenho contra a vida pessoal dele. Pelo que sei é boa pessoa.

Da primeira vez que ele foi eleito, dizem, que era um voto de protesto. Depois o elegeram de novo, com milhões de votos. E recentemente, antes da revisão deste livro, em novembro de 2017, sem ter apresentado um só projeto de lei, ele anunciou que estava saindo da política. Mas dizem que era para beneficiar um outro político que iria assumir o seu lugar. Pode isso Arnaldo? Será que ele "vendeu" a vaga dele de Deputado Federal? Saiu esse boato, após o suplente assumir.

Não que o Tiririca não pudesse ser candidato ou eleito. Ele tem esse direito, mas o que estranha é a quantidade de eleitores que votaram nele. Isso prova que a quantidade de eleitores-otários brasileiros está aumentando.

A despeito de ser ele semianalfabeto, o Tiririca, deve saber ler ou escrever alguma coisa. Quando esteve na Câmara, pôde se "virar", pois teve muitos auxiliares e assessores, muitos até com curso superior, que são pagos com o dinheiro público, o dinheiro de nossos impostos. Ou seja, dos eleitores idiotas que o elegeram, e de outros brasileiros que pagam em dia os seus tributos. Ou seja, no final, somos nós é que pagamos a conta!

O que mais me contraria é saber que, entra ano e sai ano, as coisas não mudam. E o povo continua elegendo palhaços. Tem candidato de todo jeito, porém muitos deles sem nenhum preparo para ser um Deputado, Senador ou coisa que o valha. Tem até cantor sertanejo conhecido, que foi eleito. O Sérgio Reis, por exemplo. Ele não tinha tradição política. Ou seja, nunca tinha sido eleito para nenhum cargo político.

O problema é saber o que ele poderá contribuir para a Democracia, para o povo e para o Brasil, como Deputado Federal?

Lembram-se do Juruna, do Agnaldo Timóteo e do finado Clodovil, entre outros? Eram todos motivos de glosas e críticas, até mesmo no Congresso. Saíram do mesmo jeito que entraram. Ou seja, nada fizeram pelo país. Apenas ganharam um bom salário durante o tempo em que lá estiveram.

Em 2014 deixaram de eleger jogadores, presidentes de clubes, mas elegeram o Romário para Senador. O Clodovil, em seu período, deu uma agitadinha naquela turma de babões. E nos fez rir algumas vezes, enquanto estava lá. O Tiririca veio de origem humilde e não deve ser rico, apesar de "trabalhar" na televisão. Mas poderia continuar como palhaço da TV, não iria morrer de fome, claro. E me parece que ele tinha um circo. Afinal ele é engraçado mesmo!

O mais triste é a constatação de que, em pleno século XXI, agora já no ano de 2018, e os eleitores brasileiros continuam bobos, idiotas, votando por nome, ou para quem tem um nome conhecido, seja do esporte ou da TV. Celso Russomano é um exemplo disto. Dizem que até o Datena, daquele programa horroroso da TV Band, à tarde, quer ser candidato a Senador. Que Deus tenha piedade de nós.

Todos querem "trabalhar" no Grande Circo que é Brasília. E não estariam eles ocupando o lugar de um Candidato-Professor, ou de um Político de verdade, representante de uma Associação de Classe, por exemplo?

Enfim :O Circo continua "armado", em Brasília. Não tem lona, mas tem aqueles dois "pratões" do Congresso Nacional, de concreto e aço, fechado para uns e aberto para outros. E nós temos a constatação de que aumentaram os eleitores idiotas, que não pensaram bem, para reelegê-lo. Tiririca era mais um desses novos "Parlamentares", do Grande Circo chamado Brasil. E continua valendo aquela máxima dos Romanos antigos: "Pão e Circo" para todos. Enquanto isso eu fico aqui, a comentar, dar a minha opinião, com "Cara de palhaço, pinta de palhaço", como dizia aquela música dos anos 70. E me lembrei de uma frase célebre: "Os Cães Ladram, Enquanto a Caravana Passa " 7

7-O Ibrahim Sued, um jornalista ou cronista social dos anos 70 e 80, do Rio de Janeiro gostava de usar esta frase em sua coluna na Revista "Manchete", da Editora Bloch. Os leitores mais velhos se lembrarão dele até aparecendo na TV.

TIRICA, na verdade, é mais um brasileiro "gozador", palhaço mesmo, tal como os brasileiros que o elegeram. E se aproveitou disso para ganhar algum dinheiro como político. Mas descobriu em 2017, após 6 anos como Deputado Federal, que aquele não era o lugar dele. Além disso, famoso e conhecido, ganha muito mais com seus shows, programas de TV e filmes. Já "tirou um sarro" com nossa cara, por certo! E ganhou um bom dinheiro durante mais 06 anos. Pelo menos não agiu como o

Paulo Maluf, um homem quase acima da lei, que somente foi preso após 23 anos de iniciado processos contra ele. Sempre foi um eterno "tirador de sarro" na Justiça. No ano de 2014 não foram eleitos muitos políticos de carreira. Inclusive membros da família Sarney. Acho que esse povo já deu o que tinha de dar. Só que o Sarney é um antigo "cacique" do MDB que ainda continua a dar seus "pitacos" no Governo de Michel Temer (janeiro de 2018).

Espero que, assim como em outubro e novembro de 2018, teremos eleições para votar de novo, para eleger os políticos porque é assim que se faz na democracia. Até lá vamos pensar melhor, para não cometer os mesmos erros. E viva nós, a gente do povo brasileiro personagens macunaínicos ou fellinianos, que ainda vivemos de pão e circo. Infelizmente.

X- VIDA E MORTE AO VIVO!

Todos os dias estamos vendo pela televisão cenas deprimentes, tristes mesmo, de assaltantes, (muitos deles menores de idade), que, no intento inicial de roubar, assaltar suas vítimas, acabam por matá-las, mesmo sem ter um motivo qualquer para isso, como se quisessem dizer: **"Eu tenho o poder sobre sua vida!"**

Em muitos casos, fazem o "estrago" e nem levam o "produto do roubo". Deixam a vítima agonizante para trás. Isto tem acontecido todos os dias, em várias cidades do Brasil. Já não bastam as "matanças" diárias, existentes entre os próprios traficantes e usuários pobres que são os seus "devedores". Os bandidos, sejam traficantes ou não, estão por toda parte a roubar e matar.

E existem ainda os milhares de crimes de trânsito, que são causados por motoristas bêbados, ou não, todos os dias. Muitos motoristas causadores destes crimes, ficam impunes. Além destes crimes diários, existem os bandidos sanguinários, que enchem as grandes cidades, muitos deles assaltantes, acabam por se tornarem assassinos frios, e fazem isso aleatoriamente, sem nenhum remorso.

Depois, muitos ainda sorriem ao dar entrevista! E dizem, "ela ou ele reagiu! "Como se a vítima fosse culpada. E tem os que debocham da

Polícia, pois sabem que serão soltos na tal Audiência de Custódia, perante um Juiz.

Entretanto, a maioria deles ficam tranquilos, mesmo depois de presos e diante das câmeras, como se nada de grave estivesse acontecendo. E talvez ajam assim porque sabem da impunidade que existe no Brasil. Além disso, muitos deles querem ter os "seus quinze minutos de fama". Triste fama.

A própria TV que muito mostra, critica e cobra das autoridades leis mais duras contra estes bandidos, são as que dão o "ibope" a eles, ao gravar suas entrevistas e ao ficar repetindo-as nestes programas apelativos, que visam "mexer" com a nossa sensibilidade. Tipo os programas: "Brasil Urgente" da Band, ou o "Cidade Alerta" da Record. Mostram crimes à toda hora.

Antes era uma ou outra emissora de TV. Agora são todas as emissoras praticamente, que insistem em mostrar, a qualquer hora do dia ou da noite, estas cenas de assaltos com mortes. Quase todos os dias mostram rapazes jovens sendo mortos no meio da rua. É a morte ao vivo na TV! São muitos os casos.

Mas, a despeito disso, a TV mostra também alguns "milagres", em que, após acidentes, ou levarem tiros, pessoas escapam da morte. E como exemplo de milagre em um acidente, vimos aquele de uma criança e sua avó que escaparam ilesas da morte, em Anápolis, no Estado de Goiás, em 2014. Ou, em um outro caso de acidente, ocorrido em Goiânia, GO, em que morreram os pais, e uma criança que ainda estava no ventre materno, nasceu viva, como também mostraram na TV. O ruim foi que já nasceu órfã de pai e mãe.

E assim a televisão aberta mostra todos os dias, a vida e a morte, muitas vezes. Muitos dos crimes são mostrados ao vivo, ou gravados e depois mostrados, a cores. É a vida e a morte ao vivo na TV, para qualquer pessoa ver, inclusive crianças de poucos anos de vida, em qualquer hora e lugar. Banalizaram a "morte" de tal forma, que nem chama mais atenção os filmes violentos da TV. Bastam ver a programação normal e os jornais televisivos exibidos nos horários nobres.

Nestes últimos anos, em todo o Brasil foram muitas as mortes por crimes de assassinatos, com vítimas de assaltantes, mostradas pela TV. Muitas crianças foram vítimas dessa barbárie que assola nosso País, seja por erros das policiais, maledicências dos bandidos ou nas chamadas balas perdidas que não escolhem hora nem lugar. E os bandidos, mesmo depois de presos e condenados, são soltos pouco tempos depois, por causa de nossa legislação falha e até por negligência de Juízes.

Ou até mesmo da má prestação de serviços por outros funcionários da Polícia e da Justiça. Culpa também da fragilidade de nossas Leis, e da má aplicação delas por parte das Autoridades...

E a violência continua desenfreada, praticada pelos mesmos bandidos, muitos dos quais já têm "passagens" pela Polícia. Ou em outras palavras: já são conhecidos da Polícia. Tudo isto sem contar a "quase" guerra entre os bandidos e a polícia, como ocorre no Rio e em São Paulo, e em outras cidades do Brasil.

Só que atualmente os bandidos fazem arrastões até em hospitais, prédios residenciais, clínicas e postos de saúde. Houve casos até em Igrejas, seja de qual denominação for. E em alguns desses assaltos, o proprietário dos estabelecimentos assaltados nem dão "queixa" mais, pois não acreditam na Polícia Civil. Duvidam se esta vai investigar direito. E em outros casos, se chamam a Polícia Militar, esta demora demais chegar. E, se reclamam, ainda são agredidos pela PM, como já aconteceu muitas vezes. Como fazer então?

Apenas ficamos sabendo porque a TV deu destaque aos citados assaltos e certos casos, como os aqui descritos. Quer dizer, com tantos ladrões, assaltos e mortes, não se pode mais ir a supermercados, a bancos, a restaurantes e nem sair, seja de carro ou não, por aí. Todos os dias tem roubos, furtos, assaltos a mão armada. Crimes de todos os tipos e formas. Muitos destes assaltos são filmados todos os dias por câmeras nas lojas, nas ruas, nos prédios, ou por celulares, que acabam por identificar a maioria dos bandidos. Depois, "passa" na TV!

É a Violência e a Morte quando elas acontecem, ou minutos depois. Virou rotina isto. Em alguns casos, alguns pivetes invadem a casa e levam todos os móveis, como acontece todos os dias em várias cidades do Brasil. Isto depois de ameaçar todos os moradores, quando não matam ou estupram as mulheres. Então de que nos adianta trabalhar, pagar tantos impostos, se não podemos possuir os bens materiais ou andar nas ruas?

Existem ainda os integrantes dos tais "Direitos Humanos" a defender os bandidos. Muitos deles, integrantes da OAB, que são os conselheiros da própria Ordem, e outros advogados militantes, independentes, que estão sempre na defesa dos bandidos.

Vale ressaltar que em Goiânia-GO, residem os Relatores da Lei 12.403 de maio de 2011, mas que entrou em vigor em julho de 2011.São eles o Sr. Demóstenes Torres (que era Senador e foi Cassado) e o Deputado Federal João Campos (que salvo engano de minha parte já foi Delegado de Polícia, no Estado de Goiás) e que se aproveita de ser evangélico e faz lobby nas Igrejas para ser eleito, indicado pelo Pastor da Igreja dele. E o pior é que eles querem anunciaram que querem se reeleger neste ano de 2018,ano em que fiz este livro.

Esta Lei, "relatada" por estes Políticos Goianos e que foi aprovada por outros Deputados e Senadores do Brasil, entrou em vigor no ano de 2011, em todo Brasil, e beneficia todos os criminosos que "pegam" penas de prisão, reclusão ou detenção, que não ultrapassem a mais de 04 anos. Assim, muitos destes réus ou indiciados em vários crimes, estão sendo beneficiados por essa lei. Sem contar que já existem as atenuantes que já constam do Código Penal de 1940, ainda em vigência em nosso Brasil, varonil. E a Lei de Execução Penal, que prevê progressão de pena etc.

Agora, parece que só nos resta rezar. Ou orar! Pedir a Deus o "livramento" nosso e de nossos filhos e demais entes queridos, para que possamos continuar vivos. Sair vivo e voltar para casa, vivo. Presos nós já estamos, pois moramos reclusos dentro de nossas casas. Enquanto isto, os assaltantes fazem a "festa" nas ruas, nos bancos, nos supermercados, nas lojas, nos hospitais e até nos restaurantes.

Estes tais políticos, (alguns deles bandidos) que elegemos, sob a tutela Justiça Eleitoral, é que são os responsáveis (ou irresponsáveis?) pelo Fazimento das Leis", precisam ter juízo e fazer alguma coisa pela sociedade. Por nós, que além de votarmos neles, ainda pagamos seus altos salários.

Vamos cobrar uma melhor atuação deles em favor da coletividade. E passar a votar em candidatos mais bem intencionadas desta vez. Evitar, sobretudo, não reeleger estes canalhas da política que já foram processados e presos por corrupção, como os que vimos envolvidos na Operação Lava-Jato. Precisamos eleger outros, sem vícios, que realmente venham a trabalhar em favor de quem os elegeu. Esses políticos precisam fazer alguma coisa pelo País. Fazer alguma coisa para a sociedade! Eles ganham muito bem, pelo pouco que fazem.

Pensem nisso, Senhores, Senhoras e Senhoritas, e demais eleitores do meu Brasil varonil!

XI- HOMOSSEXUALISMO E DIREITO

Recentemente o Supremo Tribunal Federal- S.T.F., a nossa Corte Máxima, decidiu por unanimidade que as Uniões Homossexuais (ou Homoafetivas) são legais, para efeito de garantir direitos dos parceiros e parceiras do mesmo sexo que já vivem, ou viviam em União Estável.

A Lei da União Estável (Lei nº 9.278 de 1996, que regulamentou a de nº 8.971 de 29/12/1994) já existia, mas ela não previa uniões de pessoas do mesmo sexo, mas sim uniões de homens com mulheres, ou vice-versa, que embora sem impedimentos, por um motivo ou outro, não quisessem se casar, ou por qualquer motivo já viviam juntos e não se casaram. Mas, a lei e a sociedade sempre entenderam que tais uniões eram de pessoas de sexo diferente. Depois, em 2010, uma outra lei, a de nº 12.195, alterou o Código de Processo Civil, na parte que trata de Inventário. De novo sobre bens de pessoas de sexo diferente e que viviam juntas sem serem casadas.

Agora, sob pressão social e por haver uma lacuna na Lei, inclusive na Constituição Federal Brasileira, que no seu artigo 226 parágrafos 3º diz que "A União Estável é reconhecida como entidade familiar", Até aqui só havia e há a união de um homem com uma mulher), NO ANO DE 2012 O STF JULGOU CASOS DE UNIÃO ESTÁVEL DE

PESSOAS DO MESMO SEXO. E JULGOU FAVORÁVEL.

E com isso, juridicamente, o STF regulamentou as situações existentes em que os "casais", sejam de dois homens ou de duas mulheres, podem recorrer à proteção do Estado, para garantir os seus direitos, tais como pensão, divisão de bens etc. E o que era apenas para ser uma espécie de "decisão-remédio", para legalizar algumas situações sociais pré-existentes, veio regulamentar casos de sociedades de fato, entre pessoas de mesmo sexo, para evitar prejuízos financeiros, patrimoniais, e os casos de pensão por morte, pecúlios, seguros etc.

Concordo com esta parte, pois a Justiça não pode ficar cega diante de uma situação já existente. Contudo esta decisão, com o alarde que estão fazendo, dá espaço e incentiva que outros "casais" se unam, já que podem regularizar estas futuras uniões homossexuais. Ou mesmo difundam isso, como se fosse normal. Muitos gays, do sexo masculino ou feminino, vão se aproveitar disso, também, para se manifestar. Em Goiânia, capital do Estado de Goiás uma união destas foi logo realizada em Cartório no dia seguinte à Decisão do STF. E logo um Jornal diário da Capital goiana postou sua manchete em letras grandes e erradamente, publicou: "Casamento Gay"!

Não! Não era um casamento, mas um reconhecimento, por escritura pública, de uma união estável entre dois homossexuais que já viviam juntos. Ressalte-se que haverá polêmicas sobre o assunto, pois a Constituição não foi alterada neste item de casamento, pela decisão do STF, mesmo porque o Supremo Tribunal Federal não pode modificar a Constituição. Só o Congresso nacional (deputados e Senadores, reunidos em quórum máximo, (2/3 do total) podem alterar a C.F.

Portanto, a Constituição Federal só por votação da maioria do Congresso pode ser alterada. Assim, muitas decisões de Tribunais e Juízes podem acontecer ainda, entendendo que as uniões de homossexuais, feitas em cartório, são inconstitucionais...

Fazer o quê, é o mundo atual, mas a Justiça só resolve as questões a ela inerentes. Não pode obrigar Igrejas a realizar Casamentos entre pessoas de mesmo sexo! Tais uniões são feitas apenas em cartórios, como União Civil, por escritura pública, exatamente para garantir direitos dos que vivem ou constroem patrimônio juntas. Sejam dois homens ou duas mulheres. Atualmente há muitos casos de casais de dois homens. Mas não é exatamente um casal, mas sim uma união estável.

Contudo, há mulheres, que também convivem com outras. Estas também irão legalizar a situação? Claro, pois o direito é para todas e todas. Acho que estas são mais discretas. Porém, sabemos que há tais uniões. O problema é que as mulheres, pelo que sei, não se juntam para formar famílias. Raramente acontece. Já os Gays, homens ou mulheres, estão querendo isto, com adoção de filhos etc. Estão, portanto, competindo, por assim dizer, com as famílias normais. Acho isso errado.

Mas, eles e elas já podem ser parte de uma família, conforme a própria Constituição prevê, em seu artigo 226, parágrafo 4º, que diz textualmente: "Entende-se também, como entidade familiar, a comunidade formada por qualquer dos pais e seus descendentes".

Porém, no caso dos gays homens, estes querem ser família de dois homens com um, ou mais filhos, adotados. Quem vai gerar o filho? As mulheres gays, que se juntam e legalizem tal situação? Quem é a mãe, quem é o pai? São questões muito mais sociais do que Genéticas. Os homens não têm, nenhum deles, o aparelho reprodutor feminino em seus corpos. E aí? E a reprodução por inseminação artificial, vai ser autorizada também, nestes casos?

Então, terão os Gays homens que formam um casal, de arranjar uma mulher para a gestação deste filho, obviamente, pois eles não têm útero e os homens não tem corpo para abrigar uma gestação. E pelo que sei, mesmo que não ajam como tal, os Gays masculinos ainda são homens. Pode até ser que eles pensem o contrário, mas são homens.

Há ainda os casos dos transgênicos que fizeram operação para retirar o pênis, que querem ser mulher mesmo. Mas esta é uma outra situação não analisada aqui. Muito mais complexa, pois mexe com a cabeça, digo, com o psicológico da pessoa, com seu nome oficial e sua sexualidade dúbia.

São todas estas questões que eu levanto e que os legisladores estão a decidir. As igrejas são contra casamentos de gays. As mulheres são mais abençoadas, nesta parte. Podem ter seus filhos, criarem e conviverem com eles sem a presença ou a necessidade de um pai para ajudar, mesmo financeiramente, pois elas trabalham, se viram. São resolvidas. Não esperam por maridos, ou companheiros para poderem ter seus filhos. O Brasil está cheio de mães solteiras separadas, divorciadas. Ou de mães que nunca tiveram um companheiro sob o mesmo teto. Eles apenas apareceram, namoram com elas, ou num relacionamento de um dia (ou noite) as deixaram grávidas e sumiram. Afinal de contas, para algumas delas, os homens são apenas para ajudar elas a pagar as contas. Alguns nem para isto servem. Para outras eles são apenas um detalhe.

E repito, sem ficar rememorando a decisão do STF: Agora os casais Gays, formados por dois homens, ou duas mulheres, querem casar e ter filhos? Nas Igrejas ainda não podem. Se bem que fiquei sabendo de um padre "meio gay" de Goiânia,

GO, realizou um casamento entre homossexuais, em uma Igreja Católica.

Acho que poderá até ser aprovada uma lei que permita isso, mas as Igrejas sérias, católicas e evangélicas, com padres ou pastores sérios, que sigam verdadeiramente a Bíblia, por certo não realizarão tais atos solenes. Acho que não. Casamentos, se vier a acontecer, só nos cartórios. Na Igreja Católica, o Código Canônico (Direito Eclesiástico), não permite casamentos de pessoas do mesmo sexo. Pelo menos por enquanto. E as Igrejas Evangélicas protestantes por também estarem vinculadas aos princípios bíblicos tradicionais conhecidos não deverão fazer Casamentos de pessoas do mesmo sexo.

Os membros do Poder Judiciário, em todo o Brasil, por causa de questões de pensão e patrimônio, já vinham decidindo sobre estas Uniões Homoafetivas, exatamente porque tratavam de pensões por morte do companheiro ou da companheira, ou por separação de bens, numa dissolução de sociedade de fato. E o faziam, porque a legislação ordinária (Código Civil e Lei do Divórcio ou mesmo a Lei que instituiu as Uniões Estáveis), não previram isso, assim como não previu tal mudança, a nossa Constituição Federal vigente. A Constituição de 05/10/ 1988.

Eu, por formação cristã-católico e por defender a família verdadeira, sou contra a prática homossexual. Seja entre dois homens ou por duas mulheres. E sou contra, também, ao casamento entre eles, assim como sou contra o direito à adoção de filhos menores.

Afinal, como Cristão, aprendi, desde pequeno que toda a criação veio de Deus. Que Deus fez o mundo, que criou o homem e a mulher e que estes, devem formar uma família, e terem filhos. "Os filhos povoarão a terra, continuarão a espécie e formarão e manterão suas famílias. E outras famílias virão e terão outros filhos...E os filhos terão outros filhos e os filhos outros filhos e filhas ... e eles e elas serão sempre o futuro da humanidade". Está escrito! E li isto em outro livro religioso católico. Casar e ter filho não é a única missão do ser humano. Há outras coisas a serem feitas. Casar, portanto, não é obrigatório!

Em "Romanos" - ou Carta (Epístola) de Paulo aos Romanos) - na Bíblia, pode se ver que Deus condena a promiscuidade. A Sociedade condena a Promiscuidade. Agora a lei quer legalizar a promiscuidade?

Muitos homens e mulheres, por um motivo ou outro, não se casam e mesmo os que se casam não têm filhos. Muitos, solteiros ou solteiras têm filhos sem precisar casar. E outros nem podem se casar, como os padres católicos, e as freiras. etc. Por enquanto também, pois o Papa Francisco pode mudar isto a qualquer hora. Mas até a publicação desse livro, em janeiro de 2018, tinha poucas novidades nessa área. Pelo menos ele já mencionou algo sobre isso. Está em estudo no vaticano.

Mas isto é por causa da imposição do" celibato" previsto na Lei da Igreja (Direito Canônico). Nem por isso, devem viver no pecado. Não é certo se utilizar erroneamente do sexo. O certo é que, se Deus quisesse ou tivesse em Seu plano as uniões de homossexuais, teria posto, "logo de cara" no começo do Mundo, dois Adãos ou duas Evas, para formarem os primeiros casais. E não foi assim que aconteceu. E Duas Evas, com os corpos que as mulheres têm não gerariam os primeiros filhos. Nem dois Adões, com os corpos que os homens têm, também não teriam filhos. Acho que Deus estava certíssimo! Aliás, Ele sempre esteve certo. Além disso, anatomicamente o corpo do homem e da mulher foram feitos diferentes exatamente para dar certo fisicamente a sexualidade. Deus quis que fosse assim. A natureza humana é assim. O Certo é assim.

E agora querem utilizar o corpo de outro jeito? Por que será que Deus destruiu Sodoma e Gomorra?8 ou foi um sonho, ou foi inventada esta estória bíblica? Por que será então que a sexualidade entre homens e mulheres, de forma errada, utilizando a via anal é vista como anomalia pelos médicos, e como um desvio de comportamento pelos psicólogos e psiquiatras, chama-se sodomia? Então a Moral Cristã, que foi certa em milhares de anos, só agora está errada? Estaríamos desvirtuando tudo, nesta chamada Inversão de Valores defendida pela mídia moderna? E o Direito, que é filho da Ética e da Moral, agora também está errado.(8)

As mulheres jovens, e conheço algumas, quando veem um homem dito como bonito junto com outro, como se formassem um casal gay, dizem; "que desperdício". Conheço algumas que estão preocupadas. Como encontrarão um homem de verdade para casar, para formar uma família de verdade, família cristã, séria e socialmente aceita? Dizem as mulheres que diminuiu demais a quantidade de homens de verdade na praça, atualmente.

As mulheres estão dizendo: "Está faltando homem na praça".

Os gays querem casar e ter uma família. Querem ter filhos, adotados ou por inseminação artificial (fertilização in vitro etc.). Até aí irão conseguir. E depois, como criarão este filho ou esta filha? Como será a formação moral de uma criança num casal assim? Como será visto na escola? Quem será o pai? Quem será a mãe? E eles poderiam cometer um crime de pedofilia, já que teriam uma criança por perto.

Ver a Bíblia: "porque tudo que há no mundo, a **concupiscência da carne**, a concupiscência dos olhos e a soberba da vida, não procede do Pai, mas procede do mundo" 1 João 2:16. Introdução

Em Goiânia, GO, teve um caso assim. Em que um casal de mulheres teve um filho recentemente. Uma delas ficou grávida, mas o sémen (o esperma), obviamente veio de um homem. Ele seria o pai biológico, mas ele não é parte da relação. E agora? Onde ele está? Vendeu o sêmen? O médico fez "tramoia" com semem acumulado em sua clínica? E um dia essa criança não vai querer saber quem é o seu pai biológico. Que tipo de sociedade estamos criando?

As mulheres serão as duas mães do menino que já nasceu. Ela, a criança, não terá avós paternos, mas sim, em seu registro constará duas mães e duas avós e dois avôs, todos maternos. Como pode? E o pior foi que a Justiça autorizou o registro desta criança. Foi no ano de 2014. Um dos primeiros casos. Como pode um Juiz ser a favor disto? Mas foi. E outros casos surgiam em todo Brasil. Coisas estranhas estão acontecendo em nossa Justiça. Em dezembro de 2017, em Cartório, após processo na Justiça, um casal normal, mas onde o pai não era o pai biológico, mas sim o padrasto, conseguiu pôr seu nome como pai, na Certidão de Nascimento do Enteado, sendo que na sua Certidão de Nascimento já tinha o nome de seu pai biológico e, obviamente, o nome da mãe. Com isso ele ficou com nomes de dois pais e uma mãe em sua Certidão de Nascimento. Pode isso Arnaldo? Na minha opinião não pode, não é certo. Mas a Justiça autorizou. E agora em 2018 saiu uma norma do Conselho Nacional de Justiça de que tal alteração poderá ser feita diretamente em Cartório, sem se precisar entrar na Justiça, como no caso contado acima.

Estas mulheres homossexuais estão aumentando em nossa sociedade. Elas, como já disse, são mais discretas. E não fazem tanto alarde, pois podem ter seus filhos e criarem sozinhas. Se elas se juntam a outra, creio que não estão querendo formar uma família. Acho que é modismo, depois estas uniões tendem a se acabar.

É preciso lembrar que elas envelhecem. Passa a paixão. Mas conheci um caso em que a mulher, casada e com duas filhas, deixou o marido e foi morar com outra mulher. Queria as filhas com ela. Virou caso de Polícia e de Justiça, com psicólogos e assistentes social envolvidas no processo. A mãe perdeu a guarda das filhas, menores que foram ser criadas pela avó paterna e pelo pai, que brigou pela guarda delas. E ganhou, obviamente.

Mas agora, a Justiça dos Homens, com a "sabedoria" dos Ministros e Ministras do STF não estaria extrapolando a Lei e o Direito e criando uma sociedade amoral, ou imoral?

Eles, os "Detentores de Todo o Saber", como pensam que são os Ministros do STF, não estariam colaborando também, para esta Inversão de

Valores que vem dominado a nossa sociedade de depois do ano 2000?

Os casamentos convencionais já não estão dando certo. Os homens sérios são poucos. E agora com mais essa "concorrência desleal" de homens atraindo homens, como ficam as cabeças das mulheres? Como agirá um rapaz, que apaixonado por uma moça, pretenda com ela se casar e de repente ver ela preferindo a companhia de outra mulher? Como ficam suas cabeças pensantes?

Recentemente (2016-2017) uma jovem repórter-apresentadora da TV Globo se casou com um homem, e após ter o filho com ele, em poucos meses, largou esse marido e foi morar "maritalmente" com outra mulher .9As famílias, as poucas que existem dentro dos padrões normais, já se sentem destroçadas pelas drogas e pela promiscuidade, que culminam com a degradação social. Agora ainda terão de conviver com isso? Como ficará o futuro da humanidade, se legalizam tudo o que antes era errado. Os nossos legisladores, pressionados por uma sociedade decadente e desigual, e pela mídia, e premidos por uma situação eventual já existente, acabaram por legalizar uniões imorais, sob o ponto de vista ético e religioso. Qual será o próximo passo?

9- **"Maritalmente"** com outra mulher? Nem sei se cabe esse termo aqui.

Os juristas, agora fazem o jogo da "vaidade". Juízes e Ministros que agradam as "minorias", estão também na TV. A mesma TV que mostra estas transformações sociais e que também insistem em demonstrar, em suas novelas nojentas que estas mudanças nos costumes são corretas. A TV Globo é mestra nisto. Sem censura, agora tudo é normal. Agora tudo pode: casais de homossexuais nas novelas e filmes viraram moda. E já vi esta TV "defendendo" em seus programas até casal de três pessoas: Um homem e duas mulheres ou dois homens e uma mulher, como mostrou uma vez no tal de "Big Brother". Agora querem legalizar união homossexual entre mulheres até em novelinhas da tarde, como "Malhação", que passa às 18 horas, com dia claro. E incentivam a pedofilia e o incesto, como estão falando que teve na última edição do promíscuo programa Big Brother.

Os homossexuais tentaram aprovar no Congresso outra lei imoral e esdrúxula. A PL 122 que penalizava qualquer caso de homofobia. Ainda bem que tal Projeto de Lei não foi aprovado em 2014. Engavetaram esta ideia. Se aprovada esta Lei, da PL-122, não poderíamos nem brincar mais com um amigo. Se o chamássemos de "veado", por brincadeira que seja, seríamos processados. As empresas não poderiam demitir funcionários Gays, sob pena de Processo e prisão de seus diretores, por discriminação.

E talvez até eu, seria processado por este texto neste Capítulo do Livro. Jornalistas não poderiam falar, mencionar ou escrever nada que mencione o nome Gay, relacionando-o com uma pessoa conhecida, nem de brincadeira. Que leis são estas.? Que país é este?

A Constituição Federal vigente, em seu artigo 5º já diz **"todos somos iguais perante a lei sem distinção de qualquer natureza".** É a garantia dos direitos individuais. Mas, há que se observar as desigualdades sexuais, e apenas respeitar o próximo, digo eu.

Precisamos apenas viver com respeito. Respeitar as diferenças e pronto! Porém, se dermos tanto poder ao erro, ao pecado e invertermos os valores, toda a sociedade será nula, fragilizada, e sucumbirá, num futuro bem próximo. Os homens da Lei se arvoram agora em contrariar a ética, a moral, os bons costumes e até a religião. Tentam provar até que Deus estava errado. A Ética, a Moral, a Religião, e até mesmo o Direito, foram "jogados para escanteio". Se assim continuar, isto me faz lembrar daquela música da Diana Pequeno: dos anos 80 "Haverá muitos Deuses na Terra e um só Homem no Céu! ".

Finalmente, acho pessoalmente que a Família, a Sociedade e até mesmo o Futuro da humanidade está perdendo com todas estas errôneas "novidades" sociais. Agora agir errado é que é certo E este mundo, tal como está, caminha para o fracasso moral e social. Esta "civilização" não deu muito certo penso eu. E já imagino Deus, com sua força suprema, "arquivando este mundo" e chamando: "O Próximo!"

Meu maior medo agora, é de que, qualquer dia destes os "Sábios" Ministros do Supremo Tribunal Federal se reúnam, todos togados e garbosos diante da TV, julgando um processo por iniciativa de alguém desses grupos de comportamentos duvidosos e decidam:

"DEUS ESTAVA ERRADO! E POR ISSO E POR AQUILO DECIDIMOS UNANIMEMENTE: DEUS NÃO MAIS EXISTE DE AGORA EM DIANTE"

P.R.I. (Publique-se, registre-se e Intime-se !

Fulano de tal-Presidente do S.T.F (Brasil).

XII- O PREÇO DE CADA UM

Em 2012, o Estado de Goiás estava nos noticiários nacionais e internacionais, por causa de escândalos envolvendo policiais, políticos corruptos e contraventores. Desta vez foi a "máfia" dos bingos, dos chamados "Caça-Níqueis", comandada por uma pessoa já "conhecida" da Polícia Federal, e que para desprestígio de nosso Estado, morava por aqui.

Mas, alguns agentes e delegados da Polícia Civil; Coronéis da Polícia Militar, e até Delegados da Polícia Federal sabiam que ele era o **"capo di tutti capi"**10. Só que ao invés de investigá-lo, prendê-lo ou impedi-lo de continuar comandando a jogatina, ao contrário, davam-lhe proteção.

E muitos "ganhavam" com isso, já que nesta modalidade de jogo só ganha o dono da "Banca"(no caso, o dono das "máquinas"). Assim, os indiciados recebiam propinas e deixavam os contraventores ou "criminosos" em paz. E pior, perseguiam seus "concorrentes". Em alguns casos em certas épocas, simulavam que estavam investigando, para "mostrar serviço" à sociedade.

10- Chefe dos chefes- O "Cabeça", o que manda. Isso é muito comum entre os bandidos. Originou-se na antiga Máfia Italiana, onde surgiu o Poderoso Chefão

Contudo, "botavam panos quentes", engavetavam os processos, ou os Chefes Policiais faziam "ouvido de mercador" e a máfia da jogatina continuava. O ruim disso tudo é saber que tinha Coronel, Capitão, Tenente e muitos soldados da PM, e até Delegados da Polícia Civil e da Federal envolvidos. E até um Ex-vereador, de Goiânia. Ou seja, gente que já tem padrão de vida alto, muitos com altos salários, mas que não se contentam com isso, querem mais! Querem o "dinheiro extra" da corrupção, o dinheiro fácil da propina!

E cada um tem seu "preço", como se obedecessem a uma "tabela" progressiva, de acordo com o cargo, a influência ou a patente que possuem. Propinas que iam de R$ 200,00 a até de R$ 4.000,00 por mês, para que os funcionários públicos, (policiais civis ou militares) ,que deveriam combater o crime, "fazerem vistas grossas" e deixarem os bandidos e contraventores ganharem seus dinheiros de jogatinas em paz. Muito dinheiro, por sinal.

Foi o que o Ministério Público Federal e a Polícia Federal descobriram e anunciaram para a Imprensa, no dia 29/02/2012, em sua "Operação MONTE CARLO". Nome bem sugestivo, se levarmos em conta que naquele lugar da Europa existem vários Cassinos Luxuosos, com todo tipo de jogos de azar liberados. E a lei deles, por lá, para favorecer o turismo.

Dizia a imprensa, na época, que o Processo, da Investigação deste nosso "caso" brasileiro, tramitava em "Segredo de Justiça". Tramitava, pois em Goiânia todos nós já sabíamos quem estava envolvido, quem foi preso, quem realmente deve, nesta estória toda. Tem alguns Delegados da Polícia Civil bem conhecidos e não sou eu que vou dar seus nomes aqui, pois a TV já mostrou, inclusive suas "faces", e "deu" seus nomes, na época.

Depois de todo o estardalhaço dos noticiários, como é de praxe, eles se defenderam, contrataram advogados, que, por certo, os tiraram das cadeias e "enrolaram" o andamento dos processos até que estes prescrevam. Passa o tempo e se "extingue" o processo, sem realmente punir o contraventor ou quem lhe "apoiou". Aliás como é comum por aqui na "Terra Brasílis" descoberta por Cabral, onde, desde Pero Vaz de Caminha, "em se plantando, tudo dá. Coisa ruim então...

Ficaria apenas a vergonha, se os políticos e policiais envolvidos a tivessem, de verem seus nomes sendo falados e publicados na imprensa nacional, por terem participado desse "Esquema "onde recebiam propinas para deixarem de fazer o que o Poder Público lhes paga para fazer. Ou em resumo, que nós, os trabalhadores e contribuintes de impostos, lhes pagamos.

Fico triste porque, sai ano e entra ano, e a corrupção sempre aumentando no Brasil.

Antigamente apenas "peixes pequenos" tinham seus nomes divulgados. Agora a Polícia Federal trabalhando e a imprensa "de cima", acabam por revelar os nomes dos "peixes grandes" também. Talvez seja esta a diferença que surgiu nos últimos anos: Os grandes corruptos são conhecidos. Ou, se não são, ficam conhecidos!

Quanto à "Tabela" de preço de cada um, isto me faz lembrar da "Estória" de um Juiz de Direito, de uma cidade média do interior, muito correto e considerado super honesto. Até que um dia um Advogado inescrupuloso vai até sua casa e lhe oferece R$ 10.00,00 para "facilitar" um processo de um cliente rico que precisava de uma "sentença favorável". O Juiz raivoso com aquele insulto, quase mandou prender o advogado.

Mas o advogado não se deu por vencido. Três dias depois voltou na casa do Juiz com uma mala cheia de dinheiro. Disse ter dez (10) vezes mais em dinheiro, para "dar" ao MM. Juiz que se dizia honesto. Fez a mesma proposta, para o Juiz "beneficiar" seu cliente. De novo o Juiz disse que era "incorruptível e que prezava seu cargo, que não ia se vender etc. E disse não, de novo. O advogado já ia saindo, quando se voltou para o Juiz e disse: "MM! pense bem na minha "proposta" Dr! São R$ 100.000,00. E, saiu devagarinho, passando a abrir o portão da casa do Magistrado, para ir embora. Contudo, antes de entrar no carro, o advogado, ouviu o MM. Juiz lhe chamar: "Dr.! Quanto mesmo que o senhor disse que tem aí na mala?"

Ou seja, ele não se vendia por dez mil reais, mas por cem...

É certo que a corrupção existe em todo o mundo, há muito tempo. E que não vai acabar agora, por causa dessa "Operação Lava Jato" da P.F. divulgada em todo o Brasil pela TV pelos Jornais e pelo Rádio. O que mudou mesmo é que, agora, nós ficamos sabendo onde ela ocorre, como e quando acontece. Afinal de contas existe o corrupto porque existe quem corrompe (o corruptor)!

E como diziam antigamente: "Cada um tem seu "preço!" Porém, há também o ditado que diz: "**O homem que se vende, o mínimo que dermos por ele, é muito mais do que ele vale**"

XIII-A CASSAÇÃO DE UM SENADOR

Em 12 de julho de 2012 o Senado Federal do Brasil, sob o comando do "velho" José Sarney, se reuniu para a Cassação do Senador Demóstenes Torres. Não sou muito interessado em política, mas como eleitor e como sempre escrevo para jornais, assisti toda a Reunião, que foi transmitida pela TV Senado, a partir da 10:00 horas da manhã e terminou perto de 13:30 horas.

Falaram o Relator do Processo e o Presidente da Comissão de Constituição e Justiça, um Líder de Partido, e o Senador do PSOL do Amapá, que fez a representação, entre outros. E por fim o Senador que dividiu seu tempo com o advogado que o defendia. No final, a decisão que já era esperada: a cassação do Senador, por 56 votos favoráveis à mesma e 19 contra, sendo que 05 senadores se abstiveram de votar, num total de 80 senadores presentes.

Nada demais até aí, sendo que os discursos e o palavreado dos senadores já eram conhecidos, desde o início deste processo político, três meses antes. Foi rápido todo o processo e nem poderia ser diferente, pois o "nome" do Senado Federal estava em jogo, principalmente porque envolve políticos de vários partidos e este ano de 2012 era um ano eleitoral. E os senadores estavam preocupados com a imagem do próprio Senado Federal. Fizeram certo o trabalho deles. E o Senador Demóstenes, com sua

"Ladainha" defensiva deve ter convencido um ou dois senadores a acreditarem nele, na última hora, pois a maioria já havia decidido pela sua cassação. Demóstenes, com sua fala chorosa, pedindo para que não o cassassem, quase me convenceu.

E decerto alguém deve ter ficado "COM DÓ" dele, porque ele, conforme disse, era pobre, pois perdeu o patrimônio quando se separou de sua primeira mulher. Disse que só tinha um apartamento de 400 e poucos metros quadrados em Goiânia, financiado, e o salário de promotor público, que acho que nunca deixou de receber. Cerca de 25 Mil Reais em 2018.

Mesmo assim, se levarmos em conta que ele não tem dinheiro extra, guardado, doado ou de propina pela turma do Cachoeira, ele ainda tem uma situação privilegiada, pois o salário de promotor não é menos que R$ 25.000,00. Este é um salário que dá para qualquer família viver bem em Goiânia, ou em qualquer lugar do Brasil. Parece, não tenho certeza, que, embora seus direitos políticos tenham sido casados por 15 anos, ele reverteu isso na Justiça, como acontece com muitos políticos condenados, que são beneficiados pela corte maior desse nosso Brasil corrupto. Se assim ocorreu, ele poderá se eleger a algum cargo político de novo. Mas, teremos eleição para Senador em 2018,2022,2026 e se não mudarem as regras do jogo daqui até lá ele pode até se eleger de novo. O povo esquece rápido. Contudo em finais de 2017, o STF praticamente o absolveu, mandando arquivar o processo contra ele. Só não sei se ele poderá recuperar o cargo de senador. Mas se puder se candidatar como nossa memória é curta e povo brasileiro desligado da política, nem se lembrará de nada desta época, e de novo, ele poderá ser eleito Vereador, Prefeito, Deputado, Senador ou até Governador. Como ocorreu com o Color, o Jader Barbalho, e outros que foram eleitos após a cassação ou a renúncia 11. Como exemplo disso temos o Collor, que foi afastado por Impeachment, e que depois foi considerado "inocente". E em princípios de janeiro de 2018 está dizendo ser Candidato à Presidência da República. Já o Demóstenes, apesar de ter tido uma liminar cancelando sua inelegibilidade, essa estava para ser revista no STF abril de 2018, quando revisei este livro pela primeira vez.

11- São estes e outros políticos brasileiros, safados, corruptos e desonestos (se não são a mesma coisa) que chamo de "OS INOCENTES DE MÃOS SUJA" título principal deste meu simples livbro.

XIV- QUANDO TODOS MENTEM, COMO CHEGAR À VERDADE? -

"**Quid est veristas?**"[12] O QUE É A VERDADE? Esta foi a pergunta que o Procurador Romano Pôncio Pilatos fez a Jesus Cristo, há mais de 2.000 anos atrás, naquela situação já conhecida de todos, na qual Cristo é levado à sua presença, para que fosse decidido o destino Dele.

A resposta mais convincente a esta pergunta parece que nos foi dada por Aristóteles, nos seus ensinamentos filosóficos. E este tema tem sido estudado ao longo dos anos, por professores e filósofos do mundo inteiro. Ressalte-se que Pilatos, ao fazer a pergunta a Cristo, ausentou-se por momentos de sua presença, desinteressando-se, ao que parece, da resposta dada por Jesus Cristo. Segundo consta na Bíblia, Cristo não respondeu esta pergunta. Contudo, outros estudiosos e historiadores dizem que Ele teria dito em alto e bom som apenas: "**EU SOU A VERDADE**". E eu aprendi que a verdade pode ser ainda absoluta e relativa. E que a verdade ou um conhecimento verdadeiro é aquele que reflete corretamente a realidade.

12-Termo no original em Latim, idioma usado pelos Romanos na Época de Cristo. Este, contudo, se utilizava do Aramaico, língua falada pelos povos daquela região.

Ou que a verdade consiste na correspondência, na adequação do pensamento com a coisa, conforme nos ensinou Aristóteles.

É um assunto mais complexo, se adentrarmos pela parte da filosofia chamada Lógica ou se quisermos enveredar pelas teorias dos Pré-Socráticos. Porém, simplificando o tema, pode-se dizer ainda que existe a verdade ontológica, que seria a realidade existente fora e independente de nós. Já sobre o ponto de vista da filosofia Marxista, segundo Jacob Bazarian em seu livro "O Problema da Verdade" 13: " Verdadeiro ou falso pode ser apenas o reflexo subjetivo, na consciência, da realidade objetiva." Em resumo, poderíamos, a partir dessa premissa, dizer que nossa consciência, em relação às coisas, funciona, até certo ponto, como um espelho, refletindo-as. É a maneira mais simples de definir a verdade, ao meu ver.

Fiz esta introdução para chegar ao assunto que dominou o noticiário do ano de 2012, em Goiás, e em vários noticiários da TV, Jornais e Revista do Brasil: o chamado **"O CASO CACHOEIRA"** e a CPMI do Congresso Nacional.

13- Livro "O Problema da Verdade". Autor: Jacob Bazarian, Editora Símbolo, São Paulo, Edição de 1980

E esta estória teve muita repercussão, principalmente no Estado de Goiás, também por causa do envolvimento de políticos, polícia civil e federal e até pessoas ligadas ao judiciário com esse contraventor chamado **Carlos Augusto de Almeida Ramos,** conhecido como Carlos ou Carlinhos Cachoeira.

Ora, se verificarmos apenas os depoimentos feitos na CPMI, do Congresso Nacional, nota-se que os depoentes, muitos deles mentindo descaradamente, nem combinaram a mentira. Pois um diz uma coisa, outro diz outra. Quando assisti mais uma vez pela TV Senado, a um desses "depoentes", no caso o jornalista (ou é radialista apenas?) Luiz Carlos Bordoni. Ele fez questão de ir lá e falar sobre uns cheques depositados na Conta bancária de sua filha. Segundo ele, para "limpar a honra e a dignidade, tanto a dele quanto da filha". E ele fez um verdadeiro discurso escrito, que em algumas ocasiões, chegou a ofender os parlamentares e senadores presentes à Reunião da CPMI.

Com relação à Casa que compraram do Governador Marconi Perillo (de Goiás), há tanta controvérsia e tantas mentiras, que eu, que moro aqui na Capital de Goiás, que ouvia e lia notícias todos os dias sobre o assunto, não entendi direito esta estória. E não entendi, inclusive, como uma mulher como a Andressa Mendonça, que era a esposa do Carlos Cachoeira, pagou R$500 Mil só para "decorar" uma casa que não era dela (dizem que lhe foi "emprestada") mas que ela lá morava, tanto que o seu marido o "Cachoeira" foi preso enquanto morava nesta casa, no final de fevereiro de 2012.

E convenhamos, pagar 500 mil reais para decorar uma casa que não era dela ficou, no mínimo estranho. E quanto custou a tal casa? Quem comprou a casa.? Quem intermediou e quanto ganhou nesta transação? Parece que todos mentiram um pouco, nesta estória...Até o governador? 14

E eu, que nem gosto de política, fico curioso para saber a verdade até hoje. Sempre estou curioso para saber a verdade dos fatos. Pois só a verdade pode nos dá paz e tranquilidade para continuar vivendo a vida.

Tenho assinatura de revistas, leio jornais, vejo TV, ouço rádio, vejo e pesquiso na Internet, pois sou curioso e quero conhecer a "verdade dos fatos". Porém neste caso, não entendi muito, por causa de tantas mentiras. Pois quando todos mentem, como se chegar à verdade?

14- Na época (2012) o Governador de Goiás era o Marconi Perillo. E era, de novo, em janeiro 2018, quando foi feita a revisão final deste Livro.

Num determinado dia, em que o "dono" da Faculdade Padrão de Goiânia, foi ouvido, ele disse que comprara a casa por R$ 1.400.000,00 e que pagou em dinheiro. Já o Governador Marconi disse que recebeu três cheques de R$ 500,000,00 pela casa. O Vladimir Garcez, que parece ter sido o intermediário do negócio e que já declarou que trabalhava para o bicheiro Cachoeira (parece que recebia R$ 20.000,00, por mês dele), num determinado depoimento, gravado, disse que venderia a casa por 2.100.000,00.

-E quem ficou com os R$ 700.000,00? E os R$ 500.000,00 que disseram que alguém iria entregar ao Fiuza ou ao Jaime Rincón, lá no Palácio. O primeiro aqui citado era Secretário ou Assessor particular do Marconi e pediu demissão do cargo, na época. Esse Fiuza, quanto ganhou? E porque nas gravações o próprio Cachoeira fala para o Vladimir que é para Vladimir ligar para ele (Cachoeira) e dizer para o interlocutor que quer comprar a casa, e que ele, Cachoeira é o Fiuza, no telefone. O Cachoeira era o Cachoeira ou era o Fiuza? Entenderam? Nem eu. E nestas alturas, o comprador da casa, que era do Governador Marconi seria o Valter Paulo da Faculdade Padrão? (seria ele mesmo ou ele era mais um "laranja"?)

Valter Paulo, da Faculdade Padrão, de Goiânia diz para o Vladimir em novembro de 2011, que quer a entrega da casa, mas que não está com pressa, pois tem outros imóveis. E entre novembro de 2011 e fevereiro de 2012, quem morava na casa era a Andressa e o Carlos Cachoeira. E parece (vejam só, parece) que quem emprestou a tal casa para a Andressa morar foi o Vladimir Garcez. (Seria ele o amigo dela?) Eles mentiram, mas não combinaram a mentira.

Eu nunca vi uma história tão complicada. Nem os romances da Agatha Christie são tão complicados. E o pior é que cada vez que um depoente ia falar ou depor, como queiram, contou uma nova estória. O Bordoni, que era um radialista, que dizia ser jornalista investigativo disse que recebeu mais dinheiro do que o valor que o Marconi disse ter lhe pago pelos documentos, e não declarou tais valores no Imposto de Renda.

E nem o Marconi declarou o tal dinheiro do "caixa" 2 à Justiça Eleitoral). E o Luís C. Bordoni disse em seu depoimento na CPI do Senado, que muitos destes valores foram depositados na conta de sua filha Bruna. Por quê? Segundo o Bordoni disse que não podia pôr dinheiro em sua conta pois havia Decisões Judiciais contra sua pessoa, e tais decisões eram para que se bloqueasse valores em sua conta, em favor de alguém que tinha ganho ações por danos morais, contra ele. Já a ex-cunhada do Cachoeira, que é sócia de uma empresa que, segundo consta, emitiu os cheques para pagar a tal casa (Mestra, é o nome da Empresa), também recebeu depósitos milionários do Carlinhos Cachoeira. Dinheiro para a ex cunhada?

E depois de tudo, cheguei à conclusão que estava sobrando dinheiro entre eles, e que o dinheiro é fácil por aqui. Inclusive já comentei isto em outro texto, pois o Dono da Faculdade Padrão disse que um milhão e quatrocentos mil reais ele juntava fácil, fácil. E botava isso em uma caixa de sapatos", como falou. 15

E se o Marconi tivesse recebido estes R$ 1.400.000,00 em dinheiro dele, pela venda da casa e mais os três cheques da empresa Mestra, então ele teria recebido duas vezes pela venda da mesma casa...Quem mentiu, afinal. Eles poderiam ter, pelo menos, combinado e "estudado" uma forma de mentir a mesma mentira, se isto é possível.

Mas Platão, o filósofo, já no século III antes de Cristo dizia: " Nenhum homem tem memória suficientemente boa para ser um mentiroso bem-sucedido!" Com o qual concordo.

15-Esse Sr. Walter Paulo é rico. Ele era o dono da Faculdade Padrão, de Goiânia, GO. Político esperto, e que na feitura desse livro era Vice-Prefeito de Senador Canedo, cidade perto de Goiânia. Dizem que ele deu 1 milhão de reais para um Desembargador liberar o Prefeito Divino Lemes, para este poder tomar posse, pois teve problemas com a Justiça, na Eleição de 2016.

Que estória complicada hein? Se eu tivesse mais tempo iria procurar um matemático para me explicar essa venda dupla da casa. Além disso, parece que quem realmente sabe da verdade, são os que, quando vão depor, se utilizam do direito "constitucional" de não responder, de entrar mudo e sair calado. E levam Habeas Corpus Preventivo para tal. E o Jaime Rincón, ligado ao Governador de Goiás, porque não foi à audiência ou Reunião da CPMI? Disse que estava doente. Alegou isso duas vezes. Só que ninguém soube qual era a doença.

Já a D. Eliane Pinheiro, que era Secretaria do Marconi, foi, mas não quis falar? Essa sabia de todas as "coisas".

E o Bordoni? Este falou muito...Será que ele disse a verdade dos fatos ou a verdade dele? Um dos membros da CPMI disse que ele" montou" esta sua versão sobre os fatos, para livrar sua "cara" e para incriminar o Governador Marconi. Pelo menos ele foi e falou. Alguns não foram e outros foram e nada falaram. Inclusive o "Capo" Cachoeira, que entrou mudo e saiu calado. Disse apenas que o advogado dele o orientou a ficar calado.

E por que não se ouviu o Presidente da DELTA, o Fernando Cavendish? Ou o Governador do Rio de Janeiro? 16 E o Governador de Brasília, falou a verdade? Ou seja, quem realmente sabia da verdade não falou nada. Se assim for, como a CPMI chegaria à verdade dos fatos? E não chegou mesmo. Tudo não deu em nada. Alguns desses personagens dessa história foram punidos na Justiça Comum mesmo. Como se diz sempre no Brasil. Tudo acaba em Pizza.

Acho que dessa história toda, somente valeu alguma coisa com a Cassação do Senador Demóstenes Torres, que contei linhas atrás. Esse é outro que já mentiu muito e deve estar com muito dinheiro E eu, como a maioria dos brasileiros, fico aqui ouvindo todas estas notícias do dia a dia, onde, até agora, a verdade "verdadeira", não apareceu. Talvez nem apareça, devido ao "emaranhado" de mentiras.16

E já nem podemos exigir que esta seja uma verdade absoluta. Mas que, pelo menos uma verdade relativa sobre os fatos acontecidos

Pelo menos.

16- O Governador do Rio de Janeiro, Sérgio Cabral, foi condenado a mais de cem anos de prisão pelas muitas falcatruas propinas e superfaturamentos nas obras para a Copa do Mundo de 2014.

Na revisão deste livro, em janeiro de 2019, ele estava preso em Curitiba, Paraná, por ordem do MM. Juiz Dr. Sérgio Moro, Operação Lava-Jato, responsável por julgar vários políticos e empresários desonestos. Só que o tempo passou, o Sérgio Moro deixou de ser Juiz e agora o Sérgio Cabral estava respondendo por outros crimes de corrupção, na Justiça Federal do Estado do Rio de Janeiro, onde ele roubou mais.

Na minha opinião, esta estória que envolveu a Ingerência do Carlos Cachoeira, (um bicheiro e dono de bancas caça-níquel) sobre o Demóstenes e no Governo do Marconi, e da Máfia dos bingos em Goiás é uma "**Comédia de Erros**", capaz de " remover" do túmulo um dos criadores dessa forma de enredo, o dramaturgo inglês, **William Shakespeare**.

Dou um doce para quem puder realmente me contar a verdade "verdadeira" de toda esta estória que citei aqui neste capítulo. Um dia, decerto, alguém contará, e a verdadeira verdade, aparecerá.

Quem viver, verá.

XIV- QUEDA DE BRAÇO ENTRE OS PODERES.

Foi a admiração pelas leis que me fez estudar Direito, há alguns anos. De tanto gostar, me dediquei à atividade advocatícia por mais de 30 anos (de 1981 a 2011), onde atuei nas áreas, cível, penal e trabalhista, paralelo a outra atividade que tive, de professor. Essa por menos tempo. Pensando em ser mais útil ainda nesta área, fiz concurso para Juiz de Direito, no qual fui reprovado e fiquei indignado, ao saber que fui preterido no mesmo, mas a filha de um desembargador passou neste mesmo concurso, sendo que eu, na época, tinha dez anos de formado e ela apenas dois. Decerto os dois anos de prática dela valiam mais que os meus dez anos ininterruptos na prática da advocacia, com todas as dificuldades possíveis que enfrentei.

A partir daí comecei a suspeitar de que há o famoso jogo de interesses, "conluios" e "conchavos", também na área do Judiciário. E minha indignação foi confirmada ao saber que um Juiz, num processo no qual trabalhei, aceitou suborno para favorecer a parte contrária. Então comecei a ficar desapontado com a atividade Jurídica, pois vi que as "tramoias" existem em todas as áreas de atuação das pessoas na sociedade. E no âmbito da Justiça não é diferente.

E, mesmo assim, ainda sei que há muita gente "boa" a trabalhar no Judiciário, em todas a instâncias. Contudo, já tive notícia de outros casos envolvendo corrupção de magistrados, procuradores e promotores de justiça, para beneficiar pessoas de influência na sociedade, sejam estas pessoas ricas, com cargos altos ou políticos. E ao acompanhar este "Caso Cachoeira", citados linhas atrás ,no Capítulo deste livro, no qual um Ex-Ministro da Justiça é o chefe-geral (dono)do Escritório contratado "a peso de ouro" para defender este mafioso e seus comparsas, de novo observo que alguns Ministros do Supremo Tribunal Federal e Desembargadores do Tribunal Federal de Recursos, decidiram em favor destes Bandidos e Políticos corruptos, dando interpretação da Lei de forma contrária ao que deveria ser. E com suas decisões, favoreceram os réus, que, pelo jeito, acabarão ficando impunes, porque aqui, neste caso, e em muitos outros, alguns membros do Judiciário brasileiro parecem estar trabalhando contra a "Justiça".

Quando uma decisão do STF contraria normas pré-estabelecidas pelo Regimento interno do Senado, ou do Congresso Nacional, e dá interpretação diversa do que ocorre, em termos de procedimentos, como ocorreu neste caso citado, obviamente que há uma ingerência de um Poder sobre o outro. Neste caso dá-se a impressão de que a própria Corte maior não quer que seja feita a Justiça.

Ou, com tais decisões, acabam beneficiando o acusado, como aconteceu também em outros casos. Talvez porque um Ministro ou Desembargador é amigo do Advogado que defende o Político Corrupto (Demóstenes) ou seu Comparsa (no caso, o Carlos Cachoeira), ou porque se sente influenciado pelo palavreado utilizado pelo advogado de Defesa de um contraventor que estava associado a políticos corruptos, como é o caso do Cachoeira.

Aliás, estas últimas decisões do Supremo Tribunal Federal e do STJ e do TFR nos tem feito pensar muito na imparcialidade destes nossos Juízes, Desembargadores e Ministros julgadores. Alguns são vinculados a políticos, outros devem favores a quem os indicou para os Tribunais; ou ainda agem como advogados, como fez o Ministro Gilmar Mendes, do STF, que em 2017 soltou vários presos e condenados que eram seus amigos, ou são ricos políticos. Além do que ele tem um grande Escritório de Advocacia no qual sua substituta é sua esposa, e ele soltou presos que foram seus clientes, desse seu Escritório. E outros Juízes já agiram assim em outros casos.

Mesmo eu não sendo pessoa de importância na área jurídica, falo aqui em nome de muitos brasileiros indignados. Isto porque quando esperamos que as Côrtes maiores irão aplicar a Lei, esta, através de um ou de outro Julgador, contraria a todos nós e decide em favor do bandido. Alguns chegam a criar termos esdrúxulos e confusos, para justificar suas decisões. No STF temos, (em 2018, quando foi feito este livro) o Lewandovski e o Dias Toffoli que são sempre a favor de políticos petistas. Eles devem favor ao Lula, do PT, que os indicou para o STF enquanto foi presidente do País.

Enquanto isto, os bandidos de "colarinho branco" vão se beneficiando desta parcialidade, onde há "dois pesos e duas medidas", ou porque eles estão aliados com o Poder (Mensalão e Petrolão) ou com o Mafioso Rico, que tem o dinheiro na mão, mesmo que a origem deste dinheiro seja duvidosa.

Erros judiciários sempre ocorreram. Porém, o que está se vendo hoje são interpretações dadas à Lei, por Ministros e Desembargadores, que contrariam os princípios básicos da própria Justiça. Tudo porque muitos destes Julgadores, estão a serviço de uma minoria privilegiada, entre eles os grandes e influentes políticos, e até, talvez, do Ex-Presidente que os nomeou.

RESSALTO aqui, contudo, que apesar de todas estas críticas feitas aqui à atuação de alguns membros da Justiça, devemos registrar que entre os anos de 2012 a 2018 a Justiça Brasileira funcionou até bem, pois colocou na Cadeia pessoas influentes, poderosas e ricas, como o Senador Luís Estêvão; o milionário Eike Batista; O Marcelo Odebrecht; os Irmãos Wesley e Joesley, bilionários donos da Friboi; O Ex-Deputado Eduardo Cunha, ex-Presidente da

Câmara de Deputados. O Senador Delcídio Amaral; o Sérgio   , Ex-Governador do Rio de Janeiro; o Ex-Governador do Amazonas: os Presidentes da Assembleia Legislativa do Rio de Janeiro ,e muitos outros e até o Paulo Salim Maluf, o que achou que nunca seria preso, pois via enrolando a Justiça desde o ano de 1994,quando o acusaram de desviar bilhões de uma obra no Estado de São Paulo, quando era prefeito. Estava não presídio da Papuda, em Brasília, em janeiro de 2018.

Mas quando a Justiça falha, ou vemos membros judiciários passando por cima da Lei, e desrespeitando até decisões de seus colgas Juízes e Ministros de Tribunais, agem como o Ministro Gilmar Mendes, chega a nos deixar perplexos. E há os casos de beneficiar corruptos, como no caso do Presidente Temer, que convenceu os Deputados a livrarem ele de ser processado e julgado pelo STF, por duas vezes. E para isso o Presidente em exercício atuou com a deliberada distribuição de Emendas Parlamentares(dinheiro) para as bases destes políticos que o ajudaram a se manter no cargo. Ou seja, uma forma do chefe do Executivo comprar os votos dos Membros do Legislativo. Como aconteceu duas vezes em 2017.

Todos estes últimos acontecimentos envolvendo a Política, o Congresso Nacional, seja no **"Caso do Carlinhos Cachoeira"**, ou no caso do **"Mensalão"; da "Operação Monte Carlo"** ou

113

no **"Petrolão"** (Operação Lava-Jato) e enfim, do MPF e do STF, onde decisões e atuações espantosas do Procurador-Chefe Rodrigo Janot; ou dos Ministros como Joaquim Barbosa, que livrou o Lula no Mensalão e do Gilmar Mendes, em alguns casos.

E estranhei até a atuação dúbia do Chefe do MF Sr. Rodrigo Janot, que fez um acordo estranho com os donos da Friboi, que tanto tinham culpa que estavam presos no dia que eu revisava es meu 12º Livro. nos causam estranheza, me faz lembrar do Rui Barbosa, que dizia:

"De tanto ver triunfar as Nulidades; de tanto ver prosperar a Desonra; de tanto ver crescer a Injustiça; de tanto ver agigantarem-se os Poderes nas mãos dos maus; o homem chega a desanimar-se da Virtude, a rir-se da Honra e ter vergonha de ser Honesto." 17 .

17-RUI BARBOSA, foi um grande Jurista Brasileiro do Século passado, chegou a ser um dos melhores advogados em defesas no Tribunal Internacional de HAIA , na Holanda.

XVI- O JULGAMENTO DO LULA

No início deste meu 12 º Livro, sendo o 11º pela Editora de auto publicação CLUBE DE AUTORES, já fiz referência ao Sr. Luís Inácio Lula da Silva, que no Brasil dos últimos anos ficou mais conhecido do que Pelé, o Rei do Futebol. E ficou conhecido desde os anos de 10980 quando criou o PT, Partido dos Trabalhadores, que surgiu em São Bernardo do Campo, cidade anexa à Capital de São Paulo, numa época em que os Sindicatos não tinham voz e o regime ditatorial dos Militares das Forças Armadas no Poder, impediam grandes manifestações políticas.

Mas ele não ficou tão conhecido só por isso. Sempre foi um agitador nato, e depois, nos anos 90 chegou a ser Deputado Federal e se candidatou várias vezes ao Cargo de Presidente do Brasil, Primeiro concorreu como Fernando Collor de Mello, depois como Fernando Henrique Cardoso. E ganhou na eleição de 2002 sendo reeleito em 2006, ficando no Poder até 2010, q1uando conseguiu eleger sua pupila comunistas rã. Dilma Vana Rousseff, de origem búlgara, comunista igual ele e que muitos sabiam dela pois se dizia vítima do Regime Militar.

Contudo, a bem da verdade, o Lula não era e nem é um Comunista de ideologia, pois ele nem sabe direito o que é isso.

É um comunista fajuto, pois o Partido dos Trabalhadores, é que na sua origem tinha alguns filósofos e doutores, como o Dr. Bicudo, o Frei Beto da Igreja Católica. E até D. Hélder Câmara, de saudosa memória, que via Igreja Católica apoiava os movimentos políticos de trabalhadores, incentivados que eram pelo movimento **SOLIDAREIDADE, que** existia na Polônia, na mesma época do Papa João Paulo II e do também operário Lech Wallesa, que também chegou à Presidência de seu País.

Mas o PT teve apoio de outros metidos a filósofos e professores universitários que aderiram ao Partido porque era "chic" ser comunista, ser filiado ao PT. Gente da Luta Operária, de movimentos de Esquerda, do PCB e outros se uniram a ele. E o Lula se arvorava a ser o SALVADOR DA PÁTRIA, porque vínhamos de Governos Militares ou da Arena ou PSDB, como Sarney, e Fernando Henrique Cardoso, o filho de General quer virou professor de filosofia, Senador e Presidente do Brasil (1994-2002) é que até hoje diz que é amigo do Luladrão.

Porém, apesar do Governo do Lula ter dado continuidade a alguns programas sociais surgidos nos Governos anteriores, como Casa Própria (surgida no Regime Militar, no tal Sistema Financeiro da Habitação SFH_BNH-CEF); do Fies (originário no Crédito Educativo do Governo Geisel); e da Bolsa Família originado em Goiás, com Marconi Perillo em 1998, e com muitas mentiras, Lula ia agradando os outros, principalmente os mais pobres e consequentemente os menos "letrados", enquanto no Palácio, com seus comparsas, Pallocci, José Dirceu, Renan Calheiros e outros, ia solapando dinheiro de propinas e corrupção, tirando dinheiro de bancos (Banco Rural, que faliu),por ocasião do Mensalão, e no Governo da Dilma ele e outros bandidos políticos e empresários, quase acabaram com a Petrobrás, nossa maior empresa estatal que quase foi à falência.

Mas, no Mensalão, um Ministro presidente do STF, o Joaquim Barbosa, de origem humilde e indicado pelo Lula, o livrou da cadeia e os ostros o blindaram, de tal forma que ele saiu ileso em 2010, quando passou o bastão presidencial para a Petista-comunista chamada Dilma Rousseff, que tinha sido Ministra das Minas e Energias no Governo do Lula. Esta só servia de "fachada" no Poder, pois quem Governava e dava as cartas era o Lula e seus asseclas mais próximos, como Pallocci e José Dirceu. Esse de tão corrupto foi preso e condenado. O Pallocci também. Aliás ele era tão corrupto que mesmo nos Governos do Lula e Dilma foi denunciado, tanto no Mensalão com o no Petrolão, que foi descoberto na operação lava-jato. Estava preso até a feitura deste livro, em janeiro de 2018.

Só que esse Lula, aparentemente simples, de origem pernambucana tal qual este escriba que vos fala através das letras, se mostrou muito esperto, e sua ambição pessoal não se contentava com um salário de Presidente da República, que, na sua época não passou de 20.000,00. E então ele começou a roubar. Fazia "palestras" que, na verdade, eram captação de propinas. Prometia bilhões para os empresários, que ganhavam as obras do Governo dele. Também na Época da Dilma como Presidente, já que ele "controlava" ela.

E assim agindo, ele e seus comparsas recebiam as grossas propinas. Gente como Eduardo Cunha, Renan, Color, Sarney, Dilma Palocci, José Dirceu, Delcidio Amaral João Vacari (que era o Presidente do PT, na época) e outros, com desculpa de angaria dinheiro para as campanhas políticas do próprio Lula, da Dilma e de muitos Deputados e Senadores, da tal história do **Caixa 2** etc. Roubaram bilhões de Reais. Ou tiravam das Empresas ou dos Órgãos públicos. E foi assim que, aos poucos foram descobertas as falcatruas do Lula, que agora é conhecido como: Cachaceiro; Luladarão; Lularápio; Lula-molusco; sapo barbudo e outros cositas mais. Foi processado pela história do Triplex, 18 pelo Sítio de Atibaia, por ingerência na compra dos caças supersônicos da Suécia, em leis para beneficiar empresas de carros, em fraudes no BNDES, em fraude que levaram seus filhos a ficarem ricos, e em outros casos mais simples, como roubar coisas do Palácio do Planalto em Brasília, etc.

E ele roubou até um Crucifixo de ouro que foi doado a outro Presidente, coisa que nem se sabe para que queria, pois nem religião tem. Porém teve mais coisas que ele levou para sua casa, sem que pertencesse a ele. Isso é roubo.

Com todas estas descobertas, as outras fraudes foram aparecendo. Assim como sua vida pessoal também. Atribui-se a ele duas amantes que eram mantidas por ele, e até envolvimento com a Presidente do PT (na época do fazimento deste Livro) a Sr. Gleisi Hoffman, que também tem processo contra ela, envolvida em dinheiro extra dado por empresários; assim como seu marido, um Deputado corrupto que pegou dinheiro até de aposentadorias de velhinhos. Portanto, o Sr. Lula da Silva vivia cercado de ladrões políticos e de políticos ladrões, ele se beneficiou de todas as formas, querendo levar vida de Rei, coisa que os salários que recebia da Presidência não lhe proporcionavam.

18- Triplex é o apartamento que ele "ganhou" da Construtora OAS e que faz parte desse processo mais adiantado, de todos os outros que ele tem contra si, e que agora está em julgamento pelo Tribunal Federal de Recursos, porque seus advogados recorreram da sentença condenatória dada ao Lula pelo Juiz Sérgio Moro, que o condenou em primeira instância em 9 anos e seis meses de prisão. Para não ser preso e ganhar tempo, os advogados do Lula recorreram a TFR-4, que tem sede em Porto alegre e é a instância imediatamente superior ao Juiz Federal de Primeira Instância.

E assim ele roubou, corrompeu, aceitou propinas e mentiu. Mentiu tanto que tem gente que acha que ele é inocente. Eu digo que ele é um dos maiores "Inocentes de Mãos Sujas" dos que cito neste meu simples livro. E ele chegou ao ponto de se autoelogiar, que disse em alto e bom som, com filmagem gravadas e som, que está na internet, que ele é melhor home da face da terra. Se disse "pai dos pobres" do Brasil e se comparou a Jesus Cristo. Só não fez milagre ainda porque o Vaticano (onde fica o Papa) não autorizou. É um crápula de pior qualidade, na minha opinião, e que neste dia 24 de janeiro de 2018 foi julgado por um Tribunal, num dos processos que ele tem contra si. Eram sete ao todo, em janeiro de 2018.

E no dia 24 de janeiro de 2018 três Desembargadores do Tribunal Federal de Recursos, situado em Porto Alegre, o chamado TFR-4, julgando um Recurso impetrado pelo advogado do Lula, contra a sentença de 1ª Instância prolatada pelo Juiz Sérgio Moro, na 13ª Vara da Justiça Federal de Curitiba, responsável pela Operação lava-Jato, Manteve a Sentença de 1º Grau e ainda aumentaram a dosimetria da Pena. Esta era de 9 anos e seis meses. Eles aumentaram para 12 anos e um mês, a ser cumprida em regime fechado. Os três Desembargadores concordaram com a Pena e os dois votantes mais o Relator, deram prazo de 2 dias para que o Advogado do Lula impetre Embargos de Declaração, que é o único Recurso possível nesta fase do processo.

E como a condenação foi unânime, pelos três desembargadores, após a apreciação do Embargos que eles mesmos irão julgar no TFR-4, o processo volta ao Juiz Sérgio Moro, para que seja feita a Execução da Sentença. O próprio Tribunal já determinou que esta é a decisão, para que o Juiz Moro cumpra, podendo este determinar a prisão do Lula, assim que o processo chegar até ele. Obviamente que há outros Recursos para o STJ ou STF. Mas, pela Lei da Ficha Limpa, que é de 2010, e foi aprovada por 389 Deputados em 2010, e assinada pelo próprio Lula, quando era Presidente, o impedirá de ser Candidato Claro que a palavra final será do T.S.E, que julgará a candidatura do LULA. Se ele poderá ou não registrar sua candidatura.

Quando da feitura deste livro, e sua publicação em 25 de janeiro de 2018, esta era a situação do Lula. E um outro processo contra ele finalizava, onde se apura a história do Sítio de Atibaia (em São Paulo), que lhe foi doado por outra empreiteira, como propina. Mas ele continuava se dizendo honesto e inocente. E alega até hoje que não ´dono do Triplex, que o levou à Condenação final pelo TFR-4, e que nunca roubou nada, que nada é seu, que não sabe de nada.

E num comício à noite do dia 24 de janeiro de 2018, mesmo após saber dessa sua condenação em segunda instância, ele falava que era inocente e que somente Jesus Cristo poderia ser melhor que ele.

Se julga pai dos pobres, e a melhor pessoa do mundo. Não tem noção dos crimes que cometeu e mesmo após ser condenado em 2ª Instância e ter vários de seus Recursos indeferidos, pelo STJ e pelo STF estava falando por ai, em uma caravana que fez em finais de março de 2018, pelos Estados do Sul do Brasil, proclamando sua "inocência". Por último ,em 05 de abril de 2018 o Juiz Sér4gio Moro, da 13ª Vara Federal de Curitiba, decretou a prisão do Lula, mas este ,que tinha até as 17 horas do dia 06/04/2018 para se entregara, se refugiou no Sindicato dos Metalúrgicos de São Bernardo do Campo ,onde tudo começou para ele, e passou a fazer chantagem para se entregar. No dia 07 de abril, num sábado, ainda inventou uma tal de Missa, num palanque improvisado em frente ao Sindicato (na verdade um caminhão com som, com a desculpa de que haveria uma Missa em homenagem à sua flácida mulher, Sra. Maria Letícia, a quem ele não considerou muito nem na vida, nem na mora e, imputando a ela crimes que ela cometeu, como o caso do Triplex.

E houve essa Missa improvisada, onde tinha até um bispo da Igreja Católica e nem se mencionou o nome de sua falecida mulher, quem ele até traiu maritalmente em vida e a quem ele chamava de "Galega", por ser muito branca como chamamos estas pessoas no Nordeste. Mas, como se noticiou, nenhum de seus filhos foram lá. Por fim, perto de 19 horas deste dia 07 de abril de 2018, sob os holofotes de várias emissoras de TV do Brasil e de outros

Países, ele se entregou e foi preso para a sede da Polícia Federal, em Curitiba. E até a revisão desse livro, em 09 de abril de 2018, ele continuava preso em uma cela meio especial, com 15 metros quadrados, onde ele fica sozinho e é vigiado 24 horas pelos membros da PF. Tem banheiro com água quente, TV a comida normal que se serve aos presos em geral. Enfim a fera, o "carcará sanguinolento do Nordeste, foi enjaulado. Contra ele existiam ainda mais seis processos, sendo mais dois com o Dr. Sérgio Moro, em Curitiba e mais 4 em São Paulo e Brasília. Quanto tempo ele ficará presos? Só o tempo dirá.

Ele é, na minha opinião, um dos que foram mais corruptos dos Presidentes deste nosso País e que considero o maior de todos os **INOCENTES DE MÃOS SUJAS,** de todos os processados e condenados políticos ou não que citei aqui (*)

(*)P.S. Porém, a partir do mês de junho de 2019, com a revelação de gravações feitas pela **Intercept,** mostrou-se que houve um conluio entre os Procuradores da Lava-jato e da Polícia Federal (do Paraná) e o Juiz Sérgio Moro, que depois passou a ser Ministro da Justiça do Governo do Bolzo. Com isso passou a se demonstrar na Imprensa que o Lula foi um pouco injustiçado e que tanto a prisão dele como as Condenações pesadas que sofreu foi uma espécie de "combinação" ou complô pra que não pudesse ser Candidato a Presidente da República nas eleições de 2018,o que acabou beneficiando o Candidato do PSL

,o S. Jari Bolsonaro ,que deu provas de que não estava preparado para ser Presidente de um País.

NOTA IMPORTANTE:

A bem da verdade esclarecemos aqui que, partir de 2020,os processos feitos contra o Lula, tanto originários de São Paulo, Brasília ou R.J, foram todos considerados nulos pelo STF ,ou pelo fato da Parcialidade do Juiz Sérgio Moro(Que comandou a Lava-Jato) ,como por perseguição de Procuradores do MPF. Não ficou mais nenhum em vigência, sendo que alguns teriam que começar do zero, na Justiça Federal ,em primeira Instância.

O Juiz Sérgio Moro saí do cargo de Juiz, foi ser Ministro do Governo Bolsonaro, do qual saiu em 2020. Se tornou advogado caro e quando da atualização deste Livro, em março de 2022,ele era Candidato a Presidente da República, nas eleições de outubro/novembro de 2022. Mas não estava muito cotado em pesquisas populares.

E o Lula, sem ter mais impedimentos por falta de provas nos processos, segundo o STF e o T.S.E, se tornou elegível, sendo o candidato mais cotado a Presidente da República. Pode ser eleito de novo, por incrível que pareça.   A.L.G.

....

2ª atualização e revisão deste livro 24/03/2022

Um Escritor é, em suma, um cronista de seu tempo. Talvez ele nunca viva como seus personagens, nem aja jamais como os que denuncia em seus livros, mas nunca deixará de contar as estórias e histórias deles.

Antônio Luiz Gomes

APÊNDICE

DADOS SOBRE O AUTOR E A OBRA

Obra: "Os Inocentes de Mãos Sujas"

Autor: Antônio Luiz Gomes-Escritor e Advogado

Editora: Publicação independente pelo Clube de Autores e Amazon.com

Capa: Antônio Luiz Gomes.

Edição e Publicação: Amazon

Contatos com o Autor da Obra:

E-mail: antoniolex02@gmail com

E-mail antonio_luizlex@hotmail.com

Facebook: Antônio Gomes

.

DO DIREITO À MANIFESTAÇÃO DE PENSAMENTO E DE EMITIR MINHA OPINIÃO PREVISTO NA LEGISLAÇÃO PÁTRIA.

Uso neste meu livro de pesquisa, contos, crônicas e denúncias, o direito previsto nos parâmetros e nas prerrogativas previstas no Artigo 5º Inciso IV C/C o Artigo 220 da Constituição Federal do Brasil, de 05/10/1988, para manifestação de meu pensamento, ou para dar a minha opinião. Ver ainda o Código Brasileiro de Telecomunicações- Lei nº 4.117, de 27/08/1962

Antônio L. Gomes

2017/2022.

www.ingramcontent.com/pod-product-compliance
Lightning Source LLC
Chambersburg PA
CBHW071320220526
45468CB00001B/447